여자들의

섹스북

여자들의 섹스북

우리 모두 잘 모르는 여자들의 성과 사랑

여자들의 섹스북
우리 모두 잘 모르는 여자들의 성과 사랑

1판 1쇄 2019년 6월 3일 **1판 4쇄** 2022년 9월 30일
지은이 한채윤 **본문 일러스트** 조
펴낸곳 이매진 **펴낸이** 정철수
등록 2003년 5월 14일 제313-2003-0183호
주소 서울시 은평구 진관3로 15-45, 1018동 201호
전화 02-3141-1917 **팩스** 02-3141-0917
이메일 imaginepub@naver.com **블로그** blog.naver.com/imaginepub
인스타그램 @imagine_publish
ISBN 979-11-5531-105-9 (03300)

• 환경을 생각해 친환경 용지로 만들고 콩기름 잉크로 찍었습니다.
• 값은 뒤표지에 있습니다.
• 이 도서의 국립중앙도서관 출판시도서목록(CIP)은 서지정보유통지원시
스템 홈페이지(http://seoji.nl.go.kr)와 국가자료공동목록시스템(http://www.
nl.go.kr/kolisnet)에서 이용하실 수 있습니다(CIP 제어 번호: CIP2019019553).

차례

BOOK 1

기본 알기,
원리 파악,
발전 응용

삶의 만족감을 주는
섹스를 위해

섹스가 뭘까. 나는 아주 오랫동안 섹스에 무관심하고 무지했다. 20대가 돼도 영화를 보다가 베드신이 나오면 눈을 감아버리고, 야한 농담 한 마디도 못하는 사람이었다. 그러다 스물다섯에 새로운 세상을 만났다. 처음에는 정말 신기했다. 뭐지 이 느낌은? 대체 내 몸에 뭐가 있길래 이런 느낌이 생기는 거지? 궁금했다. 다른 사람들은 어떻게 하지? 왜 아무도 그동안 알려주지 않았지? 그래서 고민했다. 어떻게 해야 좋은 섹스가 될까, 아프지 않고 더 건강하고 만족스럽게 즐길 수 있을까.

그때가 1990년대 후반이니 레즈비언의 섹스에 관해 알려주는 책이 있을 리 만무했다. 주변에 물어보려 해도 섹스에 관해 터놓고 이야기하기 부끄러워했다. 하는 수 없이 나는 문자 그대로 '섹스'에 관해 공부하기 시작했다. 일단 부부 섹스 가이드북부터 성과학 도서까지 사서 읽기 시작했다. 레즈비언 커플 소모임이 만들어지면서 그 안에서 많은 대화를 나눌 수 있게 됐다. 해외에서 나온 레즈비언 섹스 가이드북도 몇 권을 구해서 비교하고 분석도 할 수 있었다.

처음에는 내가 알고 싶어서 공부를 시작했는데, 점점 이런 정보와 지식이 다른 사람에게도 필요하다는 사실을 알게 됐다. 그래서 정말 단순하게도 내 레즈비언 친구들을 위해 책을 쓰자고 생각했다. "안전하고 건강한 성생활은 매우 중요해! 이것이야말로 필요한 인권 운동이지!" 이런 마음으로 2000년 1월에 《한채윤의 섹스 말하기》라는 책을 냈다. 서점에서 팔 수 없어서 전화로 주문받아 우편으로 보내는 방식으로 판매했고, 2000년대 중반에 접어들어 절판했다. 세상이 바뀌어 섹스 관련 정보를 인터넷에서 자유롭게 구할 수 있게 돼 사람들에게 이 책이 더는 필요하지 않겠다고 생각했다.

그런데 2012년에 이매진이 책을 다시 내자고 연락을 해왔다. 처음에는 자신이 없어서 거절했다. 아니, 그 오래되고 낡은 책을 왜 다시? 딱 이런 심정이었다. 더 솔직하게 말하면, 10년도 더 전에 나온 책을 다시 들춰 보기가 두려웠다. 시대가 달라지고 내가 달라진 만큼 부족한 점들이 눈에 얼마나 많이 띌지, 그 창피함을 직면할 자신이 없었다. 이미 섹스에 관한 좋은 책들이 많이 나와서 굳이 더 보탤 것도 없다는 생각도 했다.

그러다 2017년에 갑자기 결심이 섰다. 첫 단행본의 부족함을 지우는 방식은 책을 영원히 묻어버리는 것이 아니라 보완해서 새롭게 내는 식일 수도 있겠다고 깨달았기 때문이다. 조금 용기가 생겼지만, 2018년 말에야 글을 쓰기 시작했다. 결심을 하고도 차례를 짜는 데만 2년이 걸린 셈이다.

사실 '섹스'는 언제나 사람들이 관심을 가지는 문제다. 인터넷에는 섹스 경험담이 넘쳐나고 조회 수도 높다. 섹스 관련 영상이나 사진도 인기가 있다. 그렇지만 몸에 관한 정확한 지식을 얻으려고 전문 도서를 펼쳐 공부하는 사람은 거의 없다. 흥미롭게도 섹스를 상상하고, 친구들하고 섹스에 관한 수다를 떠는 시간에 견줘 실제로 섹스를 하는 시간은 훨씬 짧다. 이런 현실을 감안해서 내가 새로 쓰는 섹스 가이드북의 특징을 잡았다. 전문적인 지식에 기반을 두되 학술 용어나 의학적 설명은 배제하고 누구든 쉽게 읽을 수 있게 풀어쓰고, 생생한 실제 이야기를 다루자. 그리고 섹스를 침대 위에서만 일어나는 특정한 행위로 국한하지 않고 일상생활 전반에서 어떻게 지내야 하는지까지 확장하자.

그래서 새로 쓴 책은 레즈비언 섹스 가이드북에서 여자들의 섹스북으로 바뀌었다. 동성애자, 양성애자, 무성애자, 이성애자 등 성적 지향의 구분 없이 모든 여자들의 섹스북이 되기를 바랐다. 또한 반드시 이미 사귀고 있는 두 연인이 섹스를 한다는 전제 아래 서술

하지 않으려 노력했다. 언제 누구하고 하든, 혼자 하든, 그리고 섹스를 즐기지 않는다고 하더라도 알아둬야 할 몸에 관한 상식이나 섹스의 원리 등을 파악하는 데 중점을 뒀다.

시스젠더뿐 아니라 트랜스젠더까지 고려하려 했지만 호르몬 투여나 성확정 수술 시행 여부에 따른 여러 변수까지 포함하지는 못했다. 또한 몸에 일시적이거나 영구적인 장애가 있는 다양한 사례도 다루지 못했다. '모든 여성'을 위한 책을 쓰고 싶다는 욕심은 있었지만, 내 능력이 아직 욕심만큼 충분하지 못한 탓에 결국 뜻을 접을 수밖에 없었다. 대신 작은 변화라도 주려고 노력했다. 이를테면 '그/그녀', '팸/부치', 애인 같은 단어를 빼고 '나'와 '상대'라는 표현을 썼다. 가끔 '여성의'나 '남성의' 같은 표현이 나오는데, 독자들이 좀더 쉽게 이해하는 데 도움이 될 때만 최소한으로 사용하려 했다.

《여자들의 섹스북》과 시중에 나와 있는 많은 섹스 가이드북의 가장 큰 차이는 남녀 간의 섹스와 피임, 임신을 다루지 않은 점이다. 이 책을 읽는 독자는 누구하고도 섹스를 할 수 있고 나도 그 점을 염두에 두고 글을 썼지만, 다른 책에서 충분히 다루는 내용을 굳이 중복할 필요는 없다고 판단해 남녀 간의 섹스는 생략했다. 피임과 임신에 관한 이야기가 없고 여성의 관점에서 여성의 몸에만 집중하는 섹스북이 한 권쯤 있어도 나쁘지 않을 것이다.

바라건대 이 책이 성교육자들에게도 도움이 되기를 원한다. 성교육 현장에서 받는 많은 질문에 어떻게 답해야 할지 막막할 때 급하게 찾아볼 수 있는 백과사전 구실을 할 수 있기를 기대한다. 그동안 성 관련 지식이 주로 남성을 중심으로 하기 때문에 여성의 몸은 오히려 잘 모르는 성교육자도 많다. 임신을 하는 몸으로만 여성의 몸을 인식하게 될 때, 성교육은 금욕과 순결을 중심으로 하기 쉽다. 여성을 성적 주체로 인식하는 과정에서 그동안 성교육 책들에서 쉽게 볼 수 없던 지식을 얻을 수 있기를 바란다. 그리고 동성 간 섹스에 관한 무지가 동성애를 향한 막연한 혐오를 더 키우기도 한다는 점에서도 이 책이 도움이 되기를 바란다.

《여자들의 섹스북》은 이렇게 구체적으로 써도 될까 하면서 몇 번이나 망설일 정도로 상세한 정보를 담은 실용서다. 글을 쓰면서 참고한 여러 섹스 가이드북에는 이 정도까지 하나하나 일러주는 사례가 없다. 이 책은 이런저런 걱정을 미리 많이 하는 성격상 섹스를 한 번도 해보지 않은 이들을 염두에 두고 쓴 까닭이라는 점을 밝혀둔다. 마지막으로 '일러두기'를 먼저 읽기를 권한다.

《여자들의 섹스북》이 나오는 데 가장 결정적인 구실을 한 이는 한국성적소수자문화인권센터의 윤다림 사무국장이다. 정확히 말하면 끊임없는 협박과 회유, 칭찬으로 원고를 마무리짓게 이끌었다. 단체 재정이 어려우니 책을 내서 활동비를 모아야 한다는 명분이었다. 거꾸로 바로 그 이유 때문에 별로 호응을 얻지 못해 재정에 큰 도움이 안 되면 부끄러워서 어쩌지 하는 불안과 걱정도 생겨나 여러 번 도망치고 싶었다. 그렇지만 얼마가 되더라도 활동비를 마련할 가능성이 있다면 시도를 해보는 자세가 활동가답다는 말에 결국 세뇌됐다. 《여자들의 섹스북》으로 받는 인세는 모두 한국성적소수자문화인권센터에 기부할 예정이다.

가장 먼저 이 책을 다시 쓸지 말지를 고민할 때, 웃으며 쓰라고 곁에서 격려해준 내 사랑하는 '그분'에게 감사드린다. 인터뷰를 해주신 류이사 님과 오픈퀴어 님, 그리고 2018년에 범페미네트워크에서 진행한 연속 강의 '페미니즘 성교육 — 나를 위한 섹스'와 한국성폭력상담소에서 주최한 '질문을 바꾸는 섹슈얼리티 강의' 등에 강사로 참여한 일도 이 책을 포기하지 않고 계속 쓰는 계기가 됐다. 감사드린다. 또한 휘갈기듯 쓴 초고의 내용을 꼼꼼하게 검토해서 수정 의견을 준 이지원 님, 양은오 님, 윤다림 님에게도 감사드린다.

2000년에 나온 《한채윤의 섹스 말하기》의 개정판으로 시작했지만, 결국 새 책으로 재탄생했다. 그렇지만 18년 전에 한 작업이 없었으면 지금 책을 낼 엄두를 내지는 못했을 듯하다. 감회가 새롭기도 하지만, 이루 말할 수 없는 만감이 교차한다. 18년 전에 낸 책을 읽은 독자들도 아마 그렇지 않을까. 그런 연대감을 기대해본다.

끝으로 기다림의 진수를 보여준 이매진에 감사드린다. 몇 년 동안 여러 차례 출판 계약을 취소하려 했지만 그때마다 완곡하게 거절하며 출판을 독려한 덕에 마침내 원고를 마무리할 수 있었다. 이런 모든 정성이 뭉쳐서 비로소 《여자들의 섹스북》이 나왔다는 사실을 수줍게 고백하며 원고의 마지막 마침표를 찍는다. 누구에게라도, 어떤 식으로라도, 삶의 만족감이 더해지는 데 작은 도움이 되기를, 이 책의 쓸모가 있기를 바라며.

불광천의 벚꽃이 피고 지는 모습을 바라보며

한채윤

●

일러두기

① '음핵'과 '클리토리스' 중에서 이 책은 클리토리스를 썼다. '외음부', '소음순', '대음순' 등
   이 모두 한자어인 만큼 거기에 맞춰 '음핵'을 써야 원칙에 맞지만, 독자들에게 음핵보다
   는 클리토리스가 더 익숙하기 때문에 이런 상황에 맞추기로 했다.

② 여성의 월경이 닫히고 막힌다는 의미를 지닌 '폐경'이 아니라 마무리된다는 의미로 '완경'
   을 썼다.

③ '자궁' 대신 '포궁'이라는 말을 쓰자는 의견이 있다. '자궁(子宮)'의 한자 '子'가 아들을 뜻
   하는 남성 중심적 표현이므로 '포궁(胞宮)'으로 바꾸자는 말이다. 포궁은 한의학에서 자
   궁을 가리키는 단어로 쓰고 있고, 국어사전에도 자궁과 동의어로 등재돼 있다. 그래서
   포궁이라고 써도 문제는 없지만, '아들을 낳는 집'이라는 뜻이라서 자궁이라는 단어를
   반대한다는 해석에는 동의하기 어렵다. '자궁'의 '子'에는 자식이라는 뜻이 있고, 오히려
   자식을 아들로만 해석하는 편견이 후대에 덧붙여졌을 것이다. 또한 '포궁'이 '세포를 품
   었다'는 뜻이라는 주장도 있는데, 어차피 인간 자체가 세포의 집합체라서 세포를 품었다
   는 뜻은 어색하다. 자궁 대신에 반드시 포궁을 써야 한다고 볼 수는 없으므로, 앞에서 음
   핵을 클리토리스로 썼듯이 이 책에서는 똑같은 이유로 독자들이 좀더 쉽게 이해할 수 있
   는 말인 자궁을 사용했다.

④ '삽입'이 아니라 '흡입'으로 바꾸자는 의견이 있다. 요즘 새롭게 등장한 흐름은 아니다.
   남성 중심적인 '삽입 섹스'를 여성 중심으로 바꿔 '흡입'이라는 단어를 쓰자는 의견은
   1990년대 말 영페미니스트 운동에서도 제기된 적이 있다. 그렇지만 남녀 사이의 섹스를
   다루지 않는 이 책에서는 삽입이라는 단어가 남성을 대변한다고 볼 수 없다. 그래서 삽
   입을 모두 흡입으로 바꾸는 대신, 삽입을 하는 쪽이 더 주의를 기울여야 할 필요가 있을
   때는 삽입이라는 표현을 쓰고 받아들이는 쪽을 중심으로 서술해야 할 필요가 있을 때는
   흡입이라는 표현을 썼다.

기본 알기,
원리 파악,
발전 응용

기본
생식기와 성기는 다르다

우리가 가장 먼저 떨쳐버려야 할 고정 관념은 생식기와 성기를 동일시하는 생각이다. 생식기와 성기는 동의어가 아니다. 생식기는 우리 몸을 구성하는 신체 기관을 분류하는 이름의 하나일 뿐이다. 소화기, 호흡기, 순환기, 배설기 등 기능에 맞춰 붙은 이름이다. 곧 생식기는 생식 활동에 관련된 기관이라는 의미다. 생식기와 성기를 동일시하면 모든 성행위가 임신을 목적으로 하는 행위로만 좁혀진다.

생식 활동과 성행위는 다르다

이런 관점은 섹스를 남성 중심적으로 만든다. 여성의 난자는 주기적으로 배출되므로 오르가슴(만족감)하고 상관없지만 남성은 발기와 사정을 통해 정자를 배출하므로 오르가슴이 매우 중요하다고 생각하게 된다. 그래서 여성에게 성욕은 굳이 필요하지 않은 요소이지만 남성에게는 위대한 능력의 하나로 다루어진다.

이런 고정 관념을 강화시키는 데는 생물 수업도 한몫을 한다. 남녀 생식기를 나란히 배치한 그림을 펼쳐놓고 남녀의 성기라고 지칭하며 성관계를 통해 임신과 출산이 일어난다는 식으로 설명한다. 그 그림에서 남자의 내외부 신체 기관은 음낭과 정소, 정관, 전립선, 페니스까지 하나도 빠짐없이 모두 다 드러나지만, 여성의 생식 기관은 일부만 묘사된다. 자궁과 나팔관, 난소, 질은 드러나지만, 클리토리스, 소음순, 대음순은 표현되지 않는다. 여성의 오르가슴에 중요한 클리토리스가 삭제되면서 여성의 몸은 임신과 출산만을 중심으로 상상된다.

페니스의 예민함과 정자를 생산하는 소중한 고환에 관한 이야기를 듣는 동안, 여성의 클리토리스와 외음부의 민감함이나 소중함은 잊힌다. 상황이 이렇다 보니 남성의 생식 활동은 곧 성욕의 발산에 연결되지만, 여성의 생식 활동은 성욕에 무관하며 여성의 성욕은 자기 아기를 가지려는 본능에 도리어 위배되는 요소가 된다. 생식에 연결되지 않는 여성의 자위, 여성 간의 섹스는 그래서 아무런 가치가 없으며 위험하기까지 하다. 여성의 의무인 출산과 양육을 기피하고 성적 쾌락만 쫓으려 하는 만큼 타락했다고 비난한다.

넓은 의미의 성행위 안에 생식 활동이 포함되는 것이지, 생식 활동이 곧 성행위는 아니다. 그러므로 먼저 생식기와 성기를 분리해야 한다. 그래야 여러 가지 질문이 생긴다.

성기를 성행위를 하는 신체 기관이라고 정의하면, 성기는 몸 전체다. 온몸을 다 사용해야 한다는 점을 이해할 때 더 안전하고 즐거운 섹스를 상상할 수 있고, 자신을 온전한 성적 주체로 인식하기도 쉬워진다. 이 점을 먼저 분명히 밝힌 뒤, 첫째 장에서는 먼저 외음부와 내부 생식 기관을 중심으로 살펴보려 한다. 우리가 가장 많이 오해하고 있으며 가장 많이 사용하게 될 곳들이고, 그만큼 우리가 가장 친해져야 할 곳들이기 때문이다. 이 밖의 신체 기관에 관해서는 이 책 곳곳에서 관련한 주제를 다룰 때 추가할 생각이다.

외음부의 구조를 알자

외음부란 무엇인가

외음부를 관찰하는 방법은 두 가지다. 첫째, 바닥에 앉아서 두 다리를 벌리거나 선 자세에서 한쪽 다리를 의자에 올린 뒤 등을 구부려 고개를 힘껏 숙여 손가락으로 아랫도리를 만지면서 살피는 방법이 있다. 그렇지만 실제로 해보면 이내 등과 목에 통증이 찾아온다. 이런 단점을 피해서 둘째 방법을 권한다. 바닥에 다리를 벌리고 앉은 뒤 그 앞에 거울을 두고 비춰서 관찰한다. 이 밖에 각자 나름의 방식을 찾을 수도 있다. 그렇지만 반드시 자기 몸의 외음부만 관찰해야

그림 1. 외음부를 정면에서 바라본 모습.

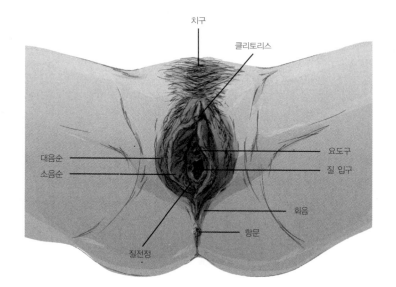

치구

클리토리스

대음순

소음순

요도구

질 입구

회음

항문

질전정

하는 것은 아니다.

그리고 이런 관찰을 하는 첫째 이유는 더럽거나 은밀하게 다뤄야 한다는 여성의 외음부에 관련된 터부를 깨기 위해서이기도 하고, 정확한 구조를 파악해 더 멋진 섹스를 하기 위해서이기도 하다. 사랑이나 신뢰의 관계를 갖는 이하고 서로 상대의 성기를 관찰하면서 이야기를 나누는 방법도 좋다. 똑같이 생기지 않고 모두 다 다르다는 사실 자체가 주는 편안함을 느낄 수도 있다.

일단 외음부에서 가장 먼저 눈에 띄는 부분은 털이 거뭇거뭇하게 난 둔덕이다(2차 성징이 시작되기 전에는 털이 없으니 연령에 따라 다르게 보일 수 있다). 바로 '치구恥丘, monspubis'다. 우리말로 '불두덩'이라고 하는데, 이 이름은 남녀에게 모두 쓰인다. 불두덩을 만지면 털하고 함께 말랑말랑하고 도톰한 살이 만져지고, 그 밑에 딱딱한 뼈가 느껴진다. 그 뼈가 '치골'이다. 외부 충격을 받아도 내부 기관이 다치지 않게 지켜주는 구실을 한다.

외음부란 보통 치구와 항문 사이를 말한다. 여기에는 대음순, 소음순, 클리토리스(음핵), 요도, 질전정 등이 포함된다.

흔히 섹스를 단순히 페니스를 질 안에 삽입하는 행위로 상상하기 때문에 외음부를 소홀히 여기게 된다. 그렇지만 외음부를 모른다는 것은 알파벳을 모르고 영어 공부를 하는 것하고 같다. 그냥 문장을 통째로 외워서 영어로 말하고 들을 수 있을지 몰라도 알파벳을 모르면 자기가 한 말을 글로 쓰기 어렵듯이, 외음부를 모르면 다양한 애무와 체위, 오르가슴의 원리를 알 수가 없다.

외음부에 관해 배울 기회가 없을 때 클리토리스를 요도라고 생각하거나 질과 요도가 하나라고 생각하기 쉽다. 《안네의 일기》에도 안네가 클리토리스에서 소변이 나오는 줄 알고 있다가 그렇지 않다는 사실을 알고 깜짝 놀랐다는 기록이 있었다. 자신의 외음부를 관찰하고 자기 몸의 구조를 하나씩 깨달아가는 이 부분은 안네의 아버지가 딸의 일기를 책으로 낼 때 빼버렸다고 한다. 여성이 자기 몸에 관한 지식을 공유하지 못하는 이유가 이런 터부 때문이다. 그러니 우리는 흥미를 가지고 외음부를 더 찬찬히 살펴보자.

대음순

치구에 난 털은 양쪽 갈래로 나뉘어 아래의 둥근 언덕을 따라 이어진다. 피부색이 주변보다 진하고 말랑말랑한 이 부분을 대음순Major labia이라고 한다. 큰 입술이라는 뜻이다. 대음순은 2차 성징이 나타나면서 털이 나기 시작하고, 착색이 일어나 주변의 피부색보다 좀더 진해진다. 치구처럼 피부밑지방이 발달해 충격을 흡수하는 구실을 하며 땀샘이 분포돼 있다. 대음순은 다리를 벌리지 않으면 평소에는 좌우가 붙어 있다.

대음순은 성적 자극을 받으면 부풀어 오른다. 이런 현상은 소음순과 클리토리스에서도 똑같이 일어난다. 성적으로 흥분하면 혈액이 한꺼번에 외음부 쪽으로 모여들기 때문이다.

대음순도 쓰다듬고 주무르는 방식으로 성적 긴장감과 쾌감을 느낄 수 있는 성기다. 그런데 대음순에는 관심이 거의 없거나, 관심을 갖더라도 대음순과 치구의 털을 제모하는 데 집중된다.

비키니 라인이라고 해서 수영복 밖으로 음모가 보이지 않게 치구와 대음순의 털을 정리하거나 왁싱 등을 해서 전체 제모를 한다. 이 문제에 관련해 제모가 성감을 더 높인다는 주장과 제모를 하지 않아야 성감을 높이는 데 더 도움이 된다는 주장이 맞선다. 치구와 대음순을 쓰다듬는 애무를 할 때 털이 민감성을 높이는 데 도움이 되지만, 오럴 섹스를 할 때는 분명히 방해가 된다. 털이 많은 몸에 자부심을 느끼는 사람도 있고, 왁싱을 해서 자신감을 높이는 이도 있다. 어느 쪽이든 모든 사람에게 적용되는 정답은 없으니 자기가 무엇을 원하는지 찾아보고 그렇게 하면 된다.

소음순

양쪽 대음순 사이에는 소음순Minora labia이 있다. 작은 입술이라는 뜻인데, 왜 입술이라고 이름 붙였는지 이해는 되지만 딱히 수긍하고 싶지는 않다. 털이 나지 않고 매끄러우며, 얇게 주름져 있다. 소음순의 모양, 크기, 색깔은 사람마다 다르다. 몸이 자라고 나이가 들면서 소음순의 모양도 자연스레 변하는데, 갑자기 변했다고 생각해 걱정하는 사례도 있다. 그렇지만 건강에는 아무 이상이 없으니 괜찮다.

양쪽 소음순은 평소에는 딱 붙어 있다. 손가락으로 양쪽을 벌리면 질전정과 요도, 질 입구를 볼 수 있다. 소음순은 이곳들을 보호하는 구실을 한다. 소음순은 자극을 받으면 금세 촉촉하게 젖는다. 흥분을 느끼면 두세 배로 커지고 단단해진다.

보통 오른쪽 소음순과 왼쪽 소음순의 모양은 똑같지 않고 조금씩, 또는 눈에 띌 정도로 다르다. 소음순이 길게 늘어져 대음순 밖으로 튀어나온 사람도 있는데. 이런 때는 수술로 모양을 다시 만들기도 한다. 이런 수술은 개인의 선택인 만큼 특별히 금지하거나 권장할 이유도 없지만, 소음순 모양에는 어차피 표준 형태가 없으니 자신의 소음순 모양만 비정상이라고 느껴서 남들처럼 되기 위해서라면 굳이 수술까지 할 필요는 없다.

질전정

양쪽 소음순의 안쪽 부분을 질전정Vestibule · 膣前庭이라고 한다. 질전정이라는 말이 낯설 수 있는데, 한자어 그대로 '질의 앞마당'이라는 뜻이다. 우리말로 '질어귀'라고 한다. 어귀는 '드나드는 목의 첫머리'라는 뜻이니, 질어귀이든 질전정이든 질 입구의 주변부를 가리킨다. 여기에는 요도구, 질 입구, 바르톨린선Bartholin's gland 등이 있다. 전희를 통해 몸이 흥분하기 시작하면 바르톨린선에서 투명하고 끈적거리는 액이 나온다. 이 액은 질 안과 소음순을 적셔서 삽입 때 마찰을 줄이는 윤활유 구실을 한다.

요도구

소변이 나오는 통로인 요도구Urethra는 클리토리스와 질 입구 사이에 자리한다. 질 입구하고는 완전히 분리돼 있다. 그렇지만 요도구는 단순히 소변이 나오는 통로가 아니라, 신경이 깔려 있기 때문에 성적 자극을 받는 성기이며 주요 성감대이기도 하다. 요도구 주위를 혀로 가볍게 애무해도 쾌감을 느낄 수 있다. 요도는 또한 전설처럼 듣게 되는 여성 사정에도 연결된 중요한 부분이다. 이 부분은 오르가슴의 원리를 설명하는 곳에서 자세히 살펴보자.

신기하고 놀라운 클리토리스

클리토리스(음핵)는 인간의 신체 기관 중에서 오로지 '성적 쾌감'만을 위해 존재하는 유일한 기관이다. 다시 말해 성적 쾌감 전문 기관을 가진 쪽은 남자가 아니라 여자라는 뜻이다.

클리토리스가 어디 있는지 모르겠으면, 손으로 소음순이 양쪽으로 갈라지는 윗부분을 부드럽게 만져보라. 그중에 약간 작은 구슬처럼 불룩하고 민감하게 느껴지는 부분이 있을 것이다. 클리토리스도 페니스의 귀두처럼 표피로 덮여 있어서 직접 만지려면 포피를 젖혀야 한다.

포피를 젖히고 손가락으로 만질 수 있는 부분은 클리토리스의

그림 2. 외음부 안쪽의 클리토리스와 질어귀망울의 구조를 볼 수 있는 투시도. 외음부를 정면에서 바라보면 대음순과 소음순만 보여서 소음순 뒤로 몸안에 위치한 클리토리스와 질어귀(질전정)의 구조는 파악하기 힘들다. 대음순 안쪽을 투시해서 보는 듯 그린 이 그림에서 클리토리스가 머리, 몸통, 다리로 구성된 사실을 알 수 있다. 머리 부분이 소음순 밖으로 나오고, 90도로 꺾이듯 몸통으로 연결된 뒤, 다시 양쪽 다리로 갈라진다. 몸통이 짧고 다리가 길다. 흥분하면 클리토리스와 질어귀, 소음순 등이 부풀어오르는데, 양쪽 그림을 비교해서 보라(캐서린 블랙레지가 쓴 《브이 스토리》에 실린 삽화를 참고했다).

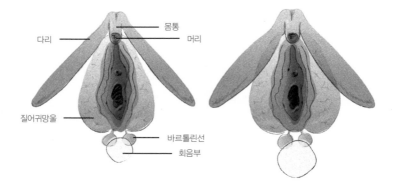

ⓐ
평상시의 클리토리스와 질어귀의 모습.

ⓑ
성적으로 흥분해 클리토리스, 질어귀, 요도, 질 입구, 회음부까지 부풀어 확장된 모습.

다리

몸통
머리

질어귀망울

바르톨린선
회음부

머리에 해당하고, 몸통과 양쪽으로 갈라지는 한 쌍의 다리는 몸 안쪽에 파묻혀 있다. 겉으로 드러난 머리는 0.5~1.5센티미터 정도이지만, 몸통과 다리까지 합치면 전체 크기는 페니스하고 비슷하다. 다리는 넓게 벌린 형태인데, 그 다리 사이로 요도와 질이 지나간다. 클리토리스가 질의 외벽을 감싸 안고 있는 형태라서 질 삽입을 하면 클리토리스에도 자극이 전달된다. 그래서 질 오르가슴이 따로 있지 않으며 클리토리스로 전달되는 오르가슴이라고 분석하기도 한다.

분포된 신경 세포의 전체 수는 페니스가 클리토리스보다 많지만, 클리토리스는 밖에서 만질 수 있는 머리 부분에 신경이 집중돼 있어서 민감성으로 따지면 페니스의 귀두보다 훨씬 더 예민하게 반응한다(클리토리스의 머리에 분포된 신경은 8000개 정도로 페니스의 귀두보다 2배 정도 더 많다).

흔히 여성의 클리토리스와 남성의 페니스가 남녀 사이에 대칭되는 기관이라고 생각하지만, 엄밀히 말해 페니스는 클리토리스와 요도가 합쳐진 기관이다. 좀더 자세히 살펴보면 모든 인간은 배아 상태일 때 초기 발생 기관인 생식 결절을 지니고 있다. 수정 6주 이후부터 발달하기 시작하는 생식 결절은 점점 커져서 클리토리스가 된다. 다만 이 과정에서 클리토리스와 요도가 하나로 붙어서 발달하는 경우와 각기 자기 위치에서 발달하는 경우로 나뉜다. 곧 남자와 여자 모두 클리토리스를 가지고 있으며, 클리토리스는 해면체로 구성돼 있어 성적 흥분을 하면 그 안으로 피가 몰리면서 부풀어 오르며 커지고 단단해진다. 다만 여성의 클리토리스는 몸안에서 커지므로 눈에 보이지 않을 뿐이다.

클리토리스의 또 다른 특징은 흥분해서 커질수록 머리 부분이 몸 안쪽으로 숨듯이 점점 들어가버려 나중에는 손가락으로 만질 수 없을 정도가 된다. 그렇지만 클리토리스를 최고의 성감대라고 말하는 데는 그럴 만한 이유가 있지 않겠는가. 클리토리스가 안으로 숨어버리는 데는 특별한 이유가 있다. 그 비밀은 뒤에 클리토리스 자극법에서 소개할 생각이다.

클리토리스를 덮고 있는 표피의 주름 사이에 하양 색깔 피지가 쌓일 수 있다. 자연스러운 일이니 샤워할 때마다 가볍게 씻으면 된다(클리토리스와 외음부 관리법은 'BOOK 3'의 2장을 참고하라).

질에 관해 꼭 알아야 할 두세 가지 것들

질은 굉장한 곳이다. 질 입구에서 자궁경부를 지나 자궁까지 이어지는 가늘고 긴 관 모양의 근육인데, 성인 여성의 질은 대개 7~9센티미터이지만 섹스 때 자극을 받으면 15센티미터 이상으로 늘어나고 매우 탄력성 있게 바뀐다.

구부러진 질과 그때그때 다른 질액

질의 내벽은 세 겹의 층으로 구성돼 있다. 손으로 만질 수 있는 가장 바깥층은 점막 형태이며 두꺼운 주름이 가로로 촘촘하게 이어져 있다. 성적으로 흥분하면 혈액이 몰리는 충혈 작용이 일어나 질 주변의 혈관에서 용액이 여과돼 질 안으로 스며 나온다. 질전정의 바르톨린선에서 나오는 점액하고 함께 삽입 섹스 때 일어나는 마찰을 줄여 질을 보호하는 구실을 하는 이 액을 '질액'이라고 한다.

사람마다 자극을 받은 뒤 질액이 분비되는 데 걸리는 시간이 다른데, 분비되는 속도가 빠른 사람은 30초 안에 이미 질을 적시기도 한다. 이 점막층 아래로 근육층과 연결 조직이 있다.

여기서 한 가지 꼭 알아둬야 할 사실은 질액이 오르가슴을 반영하지 않는다는 점이다. 흥분했지만 질액이 충분히 분비되지 않을 때도 있다. 질액의 분비가 지금 쾌감을 느끼고 있다는 의미만을 나타내지 않기도 한다. 그래서 섹스할 때 나오는 질액을 '애액'이라고 부르기도 하는데, 성교육이나 상담에서는 되도록 공식 용어로 쓰지 않는 편이 좋다. 애액이라는 말이 자칫 '사랑해서 나오는 액'으로 받아들여지면, 질액의 분비를 둘러싸고 연인 사이에서 상대가 나를 사랑하지 않는 걸까 하고 의심하게 되거나, 원하지 않은 강제적 섹스라면 왜 애액이 나오겠냐며 강간을 합리화하는 수단으로 잘못 쓰이기도 하기 때문이다.

질이 똑바르게 직선으로 쭉 뻗어 있으리라고 흔히 예상하지만,

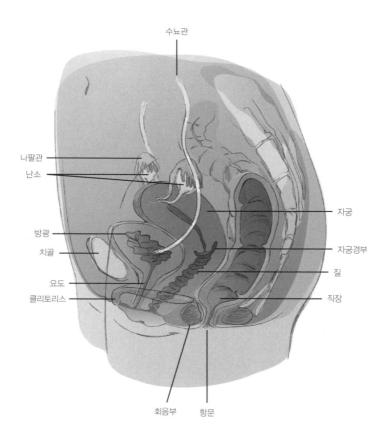

수뇨관

나팔관
난소

방광
치골

요도
클리토리스

자궁
자궁경부
질
직장

회음부   항문

사실은 30도 정도 기울어진 상태다. 30도 정도 비스듬하게 올라가다가 중간에 55도 정도로 살짝 더 기울어지고, 자궁경부 쪽으로는 10도 정도의 기울기를 보인다. 전체적으로 에스^{s}자형인 셈이다.

질은 질 입구에서 3분의 1 정도까지는 예민하지만 안쪽으로 들어갈수록 무감각해진다. 성적 자극을 받아 흥분하면 자궁이 골반쪽으로 올라가는데, 질도 따라서 더욱 길어지면서 질의 안쪽 부분도 3분의 2 정도가 풍선이 부풀어오르듯 확장된다(이런 질의 특성에 맞춰 어떻게 삽입 섹스를 해야 하는지는 'BOOK 3'을 참고하라).

손가락을 넣어 만져보면 알겠지만 질 입구부의 3분의 1은 약간 오돌토돌하다. 손가락이나 딜도로 피스톤 운동을 너무 많이 하거나 빠르게 하면 이 부분의 피부 점막이 벗겨질 수 있다. 그래서 흡입 섹스를 한 뒤 질 입구가 따가울 때도 있다. 결코 유쾌하지 않은 이 경험은 다음 섹스를 기대하는 마음을 사라지게 한다. 자칫 벗겨진 점막으로 세균이 감염될 수도 있다. 늘 그런 일이 벌어지지는 않지만 되도록 삽입 때 피스톤 운동을 무리하게 하지 않게 주의해야 한다.

질의 안쪽은 신경이 많지 않아 마취를 하지 않고도 수술을 할 수 있다고 말할 정도라서 손톱 끝이 질벽을 할퀴고 있어도 큰 통증을 느끼지 못한다. 상처가 나면 피가 묻거나 섹스를 마친 뒤에 피가 나올 수도 있다. 질의 특성상 어느 정도의 상처는 스스로 치유해 낫지만, 그렇지 않으면 질내 염증은 빠르게 퍼질 수도 있다. 섹스를 하고 나서 며칠 뒤에 질 분비액이 변하고 불편함이 느껴지면, 바로 산부인과에 가서 진찰을 받자.

섹스를 하다보면 질에서 마치 방귀 같은 소리가 날 때가 있는데, 전혀 부끄러워할 필요가 없다. 질에 들어간 공기가 빠져나오는 소리일 뿐이다. 질 안의 건강 상태는 질 분비물로 확인할 수 있는데, 이 부분은 'BOOK 4'에 자세히 설명해놓았다.

처녀막이 아니라 질막

처녀막이라는 말을 21세기에도 써야 하는 현실이 답답하다. 처음 이 말을 만든 사람을 찾아서 멱살이라도 잡고 싶은 심정이다. 우리가 흔히 처녀막이라고 부르는 기관은 질 입구의 일부를 덮고 있는 주름인 질막Hymen이다.

질막은 원래 질과 자궁을 보호하기 위해 만들어졌다. 그렇지만 막이 완전히 막혀 있으면 월경혈처럼 안에서 밖으로 내보내야 할 분비물도 나올 수 없으니까 입구를 막는 형태가 아니라 커튼 같은 형태의 '막'으로 돼 있다. 질 입구를 빙 둘러서 쳐진 주름막인 셈이다.

질막의 틈은 처음 태어난 때는 아주 작지만 자라면서 조금씩 커지고, 별 모양이나 반달 모양 등 생김새도 사람마다 달라진다. 막의 두께도 다 달라서 셀로판지처럼 아주 얇기도 하고 더 두껍기도 하다. 아주 가끔 질막이 너무 두껍고 딱딱하거나 질막에 아예 벌어진 틈이 없이 태어나는 사례도 있다. 이럴 때는 병원에서 절개 수술을 받으면 된다.

보통의 질막은 신축성이 있다. 애무를 충분히 하고 천천히 부드럽게 삽입하면 질막은 늘어난다. 따라서 처음 하는 삽입 섹스에서 피가 나오지 않는다고 해서 이상한 일은 아니다. 다시 말해 질막 파열은 삽입 섹스가 처음이냐 아니냐를 보여주는 증거가 아니라 그 섹스가 얼마나 서툴렀는지를 말해줄 뿐이다.

질막이 섹스가 아니라 자전거를 타거나 탐폰(삽입식 생리대)을 넣을 때 파열될 수 있다는 사실은 널리 알려져 있다. 또한 질막이 찢어진다고 해서 언제나 바로 피가 나오지는 않는다. 사람에 따라 몇 시간 뒤나 다음날에 피가 나오기도 하고, 출혈이 며칠 동안 이어지기도 한다.

자궁, 자궁경부, 전립선

질과 자궁을 연결하는 부분이 자궁경부다(**그림 3** 참조). 자궁의 목이라는 뜻인데, 말 그대로 자궁의 입구이며 짧고 좁은 관이다. 손가락을 질의 안쪽까지 넣어보면 둥글면서 조금 볼록하고 약간 단단한 단추 같기도 한 부분이 만져진다. 자궁경부의 가운데에 작은 틈이 있고, 여기로 월경혈을 비롯해 자궁과 자궁내막에서 분비되는 액체들도 흘러나온다. 자궁경부에서도 월경 주기에 따라 변하는 여러 점액들이 끊임없이 분비된다.

그림 4. 요도와 전립선의 모습. 요도구에서 방광으로 이어지는 요도를 감싸듯 전립선이 퍼져 있다. 전립선은 스켄선 또는 파라유레트랄선이라고 부르기도 한다. 전립선은 요도와 질 사이에 있다고 할 수 있는데, 그림에서 질은 질벽의 일부만 표현돼 있다. 지스폿 오르가슴에 따르면 질에 삽입해 자극을 받을 때 결국 이 전립선이 자극을 전달받는다(캐서린 블랙레지가 쓴 《브이 스토리》에 실린 삽화를 참고했다).

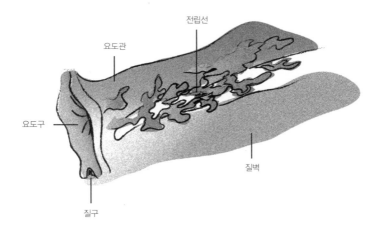

전립선

요도관

요도구

질벽

질구

자궁경부와 자궁경부의 주변은 자극을 받으면 강한 성적 쾌감으로 바뀌는 성감대이기도 해서, 피스폿P-spot이라고 부르기도 한다.

자궁, 역삼각형 근육 조직

자궁의 모양은 역삼각형 주머니 같다. 크기는 길이가 7~9센티미터이고 폭 4.5~6센티미터로 사람마다 다르지만, 대충 주먹만 하다. 가운데가 빈 채로 보통 때는 접혀 있고 임신하면 놀라울 정도로 늘어나는 근육 기관이다. 생리 때나 오르가슴을 느낄 때 자궁은 스스로 수축 운동을 일으킨다. 자궁의 아랫부분은 질에 연결되고 윗부분은 나팔관으로 이어져 있다.

자궁의 양쪽에는 나팔관과 난소가 자리하고 있다. 난소는 난자를 저장하고 배출하는 곳으로, 뇌하수체가 내리는 명령에 따라 한 달에 한 번 난자를 배출하고, 수정이 되지 않으면 월경이 일어난다.

월경 기간에 오히려 더 '땡긴다'는 여성들도 있는데, 이상한 일은 아니다. 성적 흥분을 느낄 때 혈액이 골반과 자궁으로 몰리는 현상하고 비슷한 일이 월경 기간에 벌어지기 때문이다.

월경 중에는 섹스를 하면 안 된다고 믿는 이들도 있지만, 하고 싶다면 굳이 참을 필요는 없다. 월경 중 섹스가 특별히 건강에 나쁜 영향을 주지는 않는다. 월경혈이 침대 시트나 이불에 묻을까 걱정되면 수건이나 비닐을 깔면 된다. 월경혈을 직접 접촉하기가 꺼려지면 콘돔이나 딜도를 사용하면 된다.

요도와 여성 전립선의 비밀

비뇨 기관인 요도를 여기에서 왜 다루는지 궁금할 수도 있지만, 요도도 엄연히 성적 흥분을 느끼는 성기에 속한다. 생각해보자. 우리가 흔히 페니스라고 부르는 기관은 요도, 요도해면체, 음경해면체로 구성돼 있다. 이것들을 합쳐 페니스라고 부르면서 페니스는 성기라고 믿어 의심치 않는다. 여성의 요도라고 해서 다를 이유가 없다.

독일의 산부인과 의사 에른스트 그라펜베르크는 1950년에 《성과학 국제 저널》에 〈여성 오르가슴에서 요도가 하는 기능〉이라는 논문을 발표했다. 이 논문에서 그라펜베르크는 요도도 성적으로 흥분하면 주변을 감싸고 있는 요도해면체가 부풀어 올라서 아주 민감해진다는 점을 밝혀냈다.

아주 오랫동안 남성만 전립선이 있고 여성에게는 전립선이 없다고 여겼지만, 최근의 연구 성과에 따르면 여성에게도 남성의 전립선에 해당하는 기관이 있다는 사실이 밝혀졌다. 다만 전립선이 남성 생식 기관의 하나로 강하게 인식된 탓에 여성에게도 같은 단어를 쓰는 일이 좋을지를 둘러싸고 여전히 의견이 분분하다. 여성의 전립선은 요도관을 따라 길게 분포된 분비샘과 도관을 말하는데, 학자들은 스켄선(스킨선) 또는 파라유레트랄선이라고 부르기도 한다. 세로토닌 같은 호르몬을 분비하는 신경 내분비선 구실도 병행한다고 알려져 있다(**그림 4** 참조). 여성도 남성이 정액을 내뿜듯이 사정을 하느냐는 질문은 오르가슴을 다룬 다음 장에서 자세히 다루겠다.

원리
오르가슴의 원리를 알자

오르가슴에 관해 궁금해하는 사람은 많다. 그렇지만 오르가슴에 관해 말하는 사람은 적다. 어제 본 멋진 풍경이나 예쁜 옷, 맛있는 음식은 자랑도 하고 대화를 나누지만, 어제 느낀 오르가슴을 이야기하는 사람은 별로 없다. 그런데도 오르가슴을 늘 만나고 싶어한다. 오르가슴 비법을 알려준다고 하면 누구나 귀를 쫑긋거린다. 마치 본 사람은 아무도 없지만 어딘가에 있다고 믿는 유니콘 같다.

오르가슴은 유니콘일까

오르가슴을 재미는 하나도 없지만 가장 과학적으로 설명해보자. 성적 흥분이 고조돼 오르가슴에 도달하면 질 바깥쪽 3분의 1에 해당하는 근육이 2초 또는 4초 동안 강하게 수축하면서 근육 경련을 일으키고, 0.8초의 간격을 두고 율동적 수축을 거듭한다. 이런 율동적 수축은 오르가슴을 한 번 경험할 때마다 3번에서 15번쯤 되풀이된다. 맥박은 정상치의 두 배로 뛰고 혈압도 200에서 250까지 올라간다. 항문의 괄약근도 수축한다.

오르가슴에 관해 이렇게 배웠다고 해서 오르가슴이 어떤 느낌이냐고 묻는 질문에 이렇게 말하는 사람은 없다.

"응, 내 질 앞부분의 근육이 0.8초 간격으로 수축되다가 풀리는 느낌이야."

정말 신기한 점은 사람마다 오르가슴을 다르게 느낀다는 사실이다. 어느 레즈비언은 내게 이렇게 말했다.

"마치 롤러코스터를 타는 것 같아. 흥분과 함께 점점 더 꼭대기를 향해서 올라가다 어느 순간에 전율을 느끼는 것처럼……"

오르가슴을 묘사하는 표현들을 정리해보자. '소나기가 퍼붓고 난 뒤의 깨끗한 풍경처럼 말갛게 갠 느낌', '몸이 노곤노곤해져서 잠이 잘 올 것처럼 편안한 느낌', '온몸의 마디마디가 긴장했다가 팍 풀어지는 순간' 등 사람들이 한 증언은 비슷한 듯하면서도 제각각이다. 황홀함, 뜨거움, 몽롱함, 강렬한 떨림, 짜릿함, 환희 같은 단어를 듣고 있으면 오르가슴은 세상에서 가장 값진 보석 같다.

오르가슴에 관한 묘사 중에서 가장 마음에 드는 말을 고르라고 하면 나는 '아름다운 고통'이라는 어떤 이의 표현을 선택하고 싶다. 사실 오르가슴을 느끼는 순간은 쾌감이라기보다는 고통에 가깝다.

그런데 피하고 싶고 다시는 겪고 싶지 않은 그런 고통이 아니다. 마치 미지의 세계로 건너가느라 치르는 대가인 양, 그 고통의 끝에는 다른 것으로는 절대 맛볼 수 없는 쾌감이 있다.

여기서 한 가지 더 짚고 설명할 부분이 있다. 오르가슴은 반드시 직접적인 자극을 통해서만 느낄 수 있는 것이 아니다. 모든 여성은 아니지만 30퍼센트에서 50퍼센트 정도의 여성이 잠을 자면서 오르가슴을 종종 느낀다. 클리토리스를 만지는 등의 행동을 전혀 하지 않았지만 자는 동안에 혈액이 외음부로 몰리면서 아랫배가 뜨거워지고 온몸이 짜릿해지는 느낌을 받게 된다. 다만 자면서 찾아오는 오르가슴은 내 의지대로 만들어낼 수 없다. 자기 전에 공손히 두 손을 모아 기도한다고 해서 새벽녘에 오르가슴이 찾아오지는 않는다. 그러므로 여기에서는 내가 조절할 수 있는 오르가슴, 곧 자위 또는 두 사람 이상이 함께 만들어내는 오르가슴을 중심으로 이야기하자.

프로이트는 틀렸다

지금도 여전히 못 믿겠다며 묻는 사람들이 있다.

"오르가슴이라는 게 진짜 있어요?"

섹스를 여러 번 했지만 한 번도 느낀 적이 없다면서 하는 말이다. 한 번도 느낀 적 없다고 해서 오르가슴이 없는 것은 아니다. 나는 오르가슴을 못 느끼는 사람으로 태어난 걸까 하고 지레 포기할 필요도 없다. 물론 오르가슴을 살면서 반드시 꼭 느껴야만 하는 것도 아니다. 오르가슴이 없어도 즐거운 섹스를 하면서 살아갈 수 있다. 오르가슴만을 목표로 두고 거기에 얽매여 살 필요는 없지만, 혹시나 하는 마음이 들면 한번 점검도 하고 새로운 시도도 해보자. 먼저 오르가슴을 못 느끼게 되는 세 가지 대표 사례를 살펴보자.

오르가슴 없는 섹스

첫째, 오르가슴에 이를 정도의 섹스를 아직 못했을 가능성이 높다. 다시 말해 충분히 자극을 받는 섹스를 아직 못해본 탓일 수도 있다. 오르가슴을 느끼려면 먼저 성적 자극이 어느 정도 이어져야 한다. 이런 조건이 기본 전제다. 클리토리스가 민감하고 잘 반응하는 곳이라지만 클리토리스를 그냥 손가락으로 문지르는 행위가 곧바로 성적 자극을 일으키지는 않는다. 오럴 섹스도 효과가 높다고 하지만 마음이 불안한 상태에서는 자극에 집중할 수 없기 때문에 오르가슴을 좀처럼 느낄 수 없다. 질 삽입 섹스도 성적 상상이 함께 따라와야 오르가슴에 오르기 쉽다고 많은 성과학자들은 조언한다. 삽입 섹스는 삽입체의 경도(단단한 정도)나 삽입 지속 시간 등이 영향을 미친다지만 이런 요소가 오르가슴을 가져오는 100퍼센트의 비법은 아니다.

좀더 직접적으로 말하면, 내 섹스 상대가 내게 충분한 애무를 하지 않았다는 뜻이다. 애무에 미숙한 상대에게도 책임이 있다고 할 수 있지만, 그렇다고 모든 사람이 날 때부터 능숙한 '스킬'을 가질 수도 없는 노릇이다. 당신이 먼저 상대에게 적극적으로 애무를 요구해야 한다. 알아서 해주기를 기다리면 오르가슴을 만나기 어렵다.

둘째, 스트레스나 불안감 같은 심리적이고 정신적인 부담 때문이다. 그냥 마음의 문제가 아니다. 스트레스는 곧바로 호르몬 분비에 영향을 준다. 다음 장에서 자세히 설명하겠지만, 오르가슴은 신경과 호르몬의 작용이기 때문에 호르몬 분비에 영향을 미치는 일은 당연히 오르가슴에도 영향을 미친다. 또한 불안감이나 심리적 부담감은 집중력을 흐트려서 자극 자체에 집중하지 못하게 해 오르가슴에 도달할 수 없다.

그래서 섹스 테라피스트들은 일상을 벗어나 멀리 여행이라도 떠나 다른 사람이 방해하지 않는 환경에서 잠시 세상일을 잊고 파트너하고 좋은 시간을 가지라고 조언한다. 정답이기는 하다. 문제는 여행을 갈 틈도 없거나, 명상이나 심호흡 정도로 불안감이 사라지지 않고 계속 떠오르는 사례도 아주 많다는 사실이다.

이런 때는 어딘가로 떠나지 않고 바로 그 자리에서 섹스를 대하는 태도를 바꾸는 방법을 쓸 수 있다. 지금 내게 쌓인 스트레스를 섹스로 풀겠다는 태도로 바꾸자는 말이다. 스트레스가 쌓이면 쇼핑을 하거나 술을 마시거나 영화를 보는 등 사람들은 각자 나름의 해결책이 있다. 그런 여러 해결책 중의 하나가 섹스일 수도 있다. 스트레스가 없을 때 섹스를 하겠다고 생각하면 섹스를 할 기회는 좀처럼 오지 않는다. 오히려 스트레스가 쌓일 때 섹스로 푸는 커플이 애정을 잘 유지하기도 한다. 쇼핑과 절도가 다르고 음주와 술주정이 다르듯 섹스로 스트레스를 푼다는 말이 상대를 성욕을 해소하는 도구로 삼는다는 뜻은 아니다. 섹스를 대하는 태도를 바꾸라는 조언은 섹스 자체에 관한 죄의식이나 부끄러움을 버리고 평화로운 섹스 자체에 가치를 두라는 뜻이다. 섹스로 도피하라는 말이 아니다.

셋째, 몸에 문제가 있기 때문이다. 우리가 오르가슴이라고 느끼는 감정은 수축된 질 근육이 질 주위의 감각 기관들을 압박하면 여기에 연결된 신경을 통해 뇌에 도달한 감각 신호가 강력한 쾌감으로 변하는 현상이다.

미국의 페미니스트 작가 나오미 울프가 쓴 《버자이너》를 보면 이런 사례가 나온다. 40대 중반에 갑자기 오르가슴을 느끼지 못하게 된 울프는 원인을 찾으려 애썼다. 그러다가 선천적으로 이상이 있던 척추뼈가 얼마 전부터 골반 신경을 눌러 오르가슴을 방해한다는 진단을 받는다. 울프는 척추 수술을 받고 나서 오르가슴을 되찾는데, 이 경험이 《버자이너》를 쓴 계기가 됐다. 사람들은 오르가슴을 못 느끼게 되면 나이가 든 탓이라거나 어떤 능력이 사라진 탓이라고 지레 포기하고 우울감에 빠지기 쉬운데, 사실은 이런 신체적인 이유가 있을지도 모른다. 오르가슴을 쉽게 포기하지 말자.

혹시나 하는 마음으로 한 가지를 덧붙인다. 만약 당신이 오르가슴을 한 번도 느낀 적이 없다면 '자위'를 해서 성감을 개발할 수도 있다. 자위를 많이 하면 불감증에 걸린다는 말들을 종종 하는데, 두 말할 나위 없는 가짜 뉴스다. 오히려 자위는 성적 자극에 반응하는 법을 배우는 기회가 된다. 그래서 섹스 테라피스트들은 불감증 치료법으로 커플이 서로 자위를 돕는 방법을 추천하기도 한다(자위를 하는 방법은 'BOOK 1'의 4장에 소개해놓았다).

오르가슴, 신경과 호르몬의 합작품

소제목을 읽고 약간 놀랄지도 모르겠다. 아니, 우리가 지금 오르가 슴 하나를 알려고 신경 전달 물질이니 척수니 하는 것까지 공부를 해야 한다는 말인가. 의대에 갈 것도 아니고 섹스 전문가가 될 것 도 아닌데 말이다. 이런 지적이 나올 수 있는데도 굳이 신경과 호르 몬을 설명하는 내용을 넣었다. 외울 필요는 없지만 오르가슴이 신 경과 호르몬의 합작품이라는 사실만 알아도, 자신의 성생활에 언제 어떻게든 찾아올 수 있는 불안감을 덜어낼 수 있기 때문이다.

생각해보자. 섹스를 할 때 매번 똑같은 듯하지만 매번 같은 느 낌을 받지는 않는다. 어떤 날은 조금만 자극을 받아도 온몸에 강한 오르가슴이 퍼지고, 어떤 날은 나름 애를 쓰는데도 좀처럼 오르가 슴을 느낄 수 없다. 오르가슴이 생식기 자극을 통해서만 생기는 것 도 아니다. 코 오르가슴, 무릎 오르가슴, 유방 오르가슴도 있고, 아 무런 신체 접촉이나 자극 없이 오로지 머릿속 상상만으로 오르가슴 에 도달할 수도 있다. 이런 모든 일은 오르가슴이 뇌가 받은 자극의 결과이기 때문에 가능하다. 다시 말해 오르가슴은 신경과 호르몬의 합작품이다.

신경이 몰린 곳이 곧 예민한 부위가 되는데, 생식기에는 외음부 신경, 골반 신경, 하복부 신경, 미주 신경이 몰려 있다. 외음부 신경은 음핵과 외음부 주변 피부 조직에 퍼져 있고, 골반 신경은 외음부 주변과 질, 자궁경부, 직장, 방광에 연결된다. 하복부 신경과 미주 신경은 자궁경부와 자궁, 방광에 걸쳐 있다. 이렇게 보면 항문 성교를 통한 자극과 질 삽입을 통한 자극은 결국 같은 신경을 통해 뇌에 전달되는 셈이다.

클리토리스: 외음부 신경

외음부: 골반 신경, 외음부 신경

질: 골반 신경

자궁경부/ 방광: 골반 신경, 하복부 신경, 미주 신경

직장: 골반 신경

클리토리스를 자극하면 외음부 신경이 자극을 받아 척수를 거쳐 뇌로 연결되고, 삽입 섹스로 질과 자궁경부를 자극하면 골반 신경, 하복부 신경, 미주 신경으로 연결된다. 그런데 더 중요한 사실은 이 신경이 모든 여성의 몸에 똑같이 배치돼 있지는 않다는 점이다. 나오미 울프도 치료를 받으면서 바로 이 신경의 원리를 알게 되는

데,《버자이너》에 골반 신경 전문가가 해준 이야기를 옮겨놓았다.

"모든 여성은 저마다 개성적인 신경망 얽힘 구조를 갖고 있습니다. 어떤 여성은 신경 분지가 질에 더 발달해 있고 어떤 여성은 음핵에 더 많죠. 회음부나 자궁경부에서 신경 가닥이 집중적으로 분지된 여성도 있습니다. 그러니 성적 반응의 개인차가 벌어지는 게 당연하죠."

골반 신경이 갈라진 모양새가 사람마다 다 다르기 때문에 오르가슴도 사람마다 똑같을 수 없다는 뜻이다. 이런 개인차를 좀더 일찍 알았으면 왜 나는 남들하고 똑같게 느끼지 않는지를 고민하지 않았을 텐데……

셀프 토핑 피자 — 오르가슴의 종류와 단계

남성 중심적 성과학의 세계에서 여성의 오르가슴에 관한 헛소리가 많았다. 미성숙한 오르가슴과 성숙한 오르가슴이 있다는 주장이 대표적이다. 1905년 지그문트 프로이트는 클리토리스 오르가슴은 사춘기 여성이 느낄 뿐이고 성숙하면서 질 오르가슴으로 바뀐다고 말했다. 영향력을 가진 학자가 한 이런 주장은, 10대 소녀들이 자위를 통해 미성숙한 클리토리스 오르가슴을 느끼지 못하게 해야 하며 나이가 들어 성숙해지면 당연히 임신이 가능한 질 삽입 섹스만을 해야 한다는 고정 관념을 강화했다.

　1960년대 초, 윌리엄 마스터스와 버지니아 존슨은 여성은 질이 아니라 클리토리스 자극으로 오르가슴에 도달한다는 새로운 이론을 제시했다. 남성이 오르가슴에 오르는 데 2~5분이 걸리는 반면 여성이 20분 정도 걸리는 이유는 질 삽입을 한 때문이며, 클리토리스를 자극하면 남성과 비슷한 시간 안에 오르가슴을 느낄 수 있다는 주장이었다. 질 삽입 오르가슴은 페니스의 피스톤 운동이 가하는 충격이 소음순이나 질벽을 통해 간접으로 클리토리스에 전달돼 쾌감을 느끼는 사례인 만큼 결국 클리토리스 오르가슴에 해당한다고 봤다. 프로이트의 주장을 뒤집은 셈이다. 클리토리스 오르가슴은 미성숙한 오르가슴이 아니며, 오히려 질 오르가슴이 클리토리스 오르가슴의 영향 아래 있다는 것이다. 마스터스와 존슨 부부의 이론이 등장한 뒤 클리토리스하고 별개로 질 오르가슴이 가능하다는 여러 학설도 새로 나타나고 있다. 결론은 이렇다. 오르가슴을 두고 성숙이니 미성숙이니 따지는 일 자체가 무의미하다.

　오르가슴을 비빔밥 또는 여러 가지 토핑을 얹은 피자라고 생각해도 좋다. 신체의 어느 부분을 어떤 방식으로 어떻게 어떤 분위기에서 자극하느냐에 따라서, 여기에 그 장소의 분위기, 몸의 컨디션, 정신적 스트레스나 편안함의 정도 등 여러 변수가 개입한다. 하다못해 침대 시트의 감촉도 변수가 된다. 그렇게 해서 하나의 오르가슴이 만들어진다. 당연히 오르가슴은 매번 똑같지 않고 다 다르다.

숨가쁘게 사랑을 나누고 나면 등과 윗가슴에 땀이 많이 난다. 그래서 섹스를 많이 하면 살이 빠진다고 생각할 수도 있는데, 그렇지는 않다. 이럴 때 나는 땀은 달리기 같은 운동이나 육체노동을 할 때 흘리는 땀하고 다르다. 섹스를 하면 흥분 때문에 몸이 뜨거워지고 땀이 나는데, 이때 땀의 양은 오르가슴의 강도에 관계가 있다고 성 연구자들은 말한다.

인간의 성행위를 1000번 넘게 관찰한 마스터스와 존슨은 인간의 섹스 반응이 4단계로 나뉜다고 밝혔다. 나는 다른 학자들의 연구 성과까지 참고해 인간의 섹스 반응을 5단계로 설명하려 한다. 물론 오로지 여성의 신체적 변화만 정리했다. 이 5단계를 외우거나 심각하게 이해하려 애쓸 필요는 없다. 섹스를 하면서 '아, 지금이 흥분기구나!'고 말할 일은 없기 때문이다(설사 그런 생각이 들어도 절대 입 밖으로 내뱉지 않기를 바란다. 상대의 성감만 확 식게 될 뿐이다).

그런데도 여기에서 설명하는 이유는 오르가슴을 좀더 입체적으로 느끼는 기회가 되기를 바라기 때문이다. 아직 섹스 경험이 많지 않은 이들에게는 상대와 자신의 신체적 반응에 관한 이해를 높이고, 어느 시점에 무엇을 어떻게 해야 하는지를 아는 데 도움이 된다.

성욕기

성적 흥분이 일어나는 시기. 성욕을 느끼고 신체적으로 자극 현상이 일어나 변화가 일어나기 전까지 이르는 단계를 말한다.

흥분기

신체가 자극에 반응해 혈관 수축을 경험한다. 외음부로 혈액이 몰리고, 대음순, 소음순, 클리토리스가 팽창하고, 질액 분비량이 많아진다. 질의 안쪽은 3분의 2 정도로 확장되고, 자궁이 골반 쪽으로 올라온다. 유방이 커지고, 젖꼭지가 튀어나오고, 심장 박동이 점차 빨라지고, 혈압도 높아진다. 쉽게 말해 전희의 단계라고 할 수 있다.

《오르가슴의 과학》에서는 오르가슴 때 통증에 관한 감각은 평소보다 둔감해져서 섹스 도중에 부딪치거나 긁혀도 아픔을 덜 느끼지만 촉감은 높아진다고 말한다. 그래서 혀에 털이 하나만 붙어도 신경이 쓰인다.

정체기

흥분기에서 흥분이 더 높아지면 흥분이 완만한 곡선을 보이는 평탄기 또는 정체기로 들어간다. 마스터스와 존슨은 과학적 분석을 거쳐 흥분기와 정체기를 구분하지만, 몸이 다르다고 느낄 정도로 명확하지는 않다. 굳이 나누자면 이 단계에서 몸은 상당한 자극을 받아 적극적으로 바뀌는데, 자극을 받는 쪽이 스스로 허리를 움직이거나 배를 내밀어서 좀더 자극받기 좋은 자세를 취하게 된다.

삽입 섹스를 할 때 삽입하는 시점은 정체기에서 절정기로 넘어가는 순간이 좋다. 흔히 질이 젖었다 싶으면 바로 삽입을 시도하지만, 조금 더 기다리자. 삽입 뒤 피스톤 운동을 하는 시간이 길어지면 삽입을 하는 쪽도 힘들고 흡입하는 쪽의 질에도 무리가 따른다.

절정기

쉽게 말해 오르가슴에 이르는 단계. 여자들은 질 점막의 융기가 리듬감 있게 강한 수축을 일으키면서 오르가슴을 느낀다. 몸의 모든 근육이 수축하고 경련이 일어나서 발이 뒤로 젖혀지거나 발가락이 오므라드는 느낌이 들 때도 있다. 온몸에 땀이 촉촉이 배며, 심장 박동이 빨라지고 혈압은 더 높아진다.

해소기

쇠퇴기라고도 하는데, 몸이 느린 속도로 제자리를 찾아가는 시기다. 보통 클리토리스는 10초, 질 전체는 약 15분, 자궁은 20분 정도면 흥분기 이전의 상태로 되돌아온다. 이 해소기 동안 해야 하는 일이 바로 후희. 섹스를 통한 행복하다는 느낌은 이때 생긴다. 해소기가 끝나기 전에 다시 자극이 시작돼 절정기로 갈 수 있는데, 이것이 멀티 오르가슴이다.

주도권은 받는 쪽에게

흥분을 느끼면 자연히 양다리를 오므리고 싶어진다. 물론 애무가 마음에 들지 않고 불쾌감을 느낄 때도 거부의 몸짓으로 허벅지를 오므릴 수 있다. 섹스를 할 때 내는 신음 소리나 탄성 때문에 서로 민망하고 어색할 수 있다. 영화에 나오듯이 소리를 내야만 할 의무는 없지만, 소리를 낼까 봐 부끄러워서 입을 꼭 다물 필요는 없다. 섹스를 하는 동안에 대화도 어느 정도 나누고 느낌을 발산하는 신음 소리를 내어 상대를 격려하거나 어떤 식으로 하라는 신호를 보낼 수 있다.

남녀 간 섹스를 다룬 섹스 가이드북에서도 여성이 먼저 절정에 도달한 다음에 남성이 절정에 오르는 방식을 추천한다. 남자와 여자의 생물학적 차이 때문에 이런 방식이 필요하다고 생각하지만, 사실은 그 이유가 아니다. 두 사람이 합을 맞춰서 하는 섹스라면 마땅히 두 사람 사이에 합을 맞출 기준이 있어야 하는데, 그 기준을 삽입을 받는 쪽, 곧 애무를 받는 쪽에 맞추는 편이 효율적이기 때문이다. 남녀 사이에는 주로 여성이 삽입을 받는 쪽이다 보니 남녀 차이로 착각하지만, 성별을 뛰어넘는 섹스의 핵심 원리로 말하면 받는 쪽이 주도를 하라는 뜻이다.

착각은 섹스 포지션을 설명할 때도 흔히 일어난다. 삽입을 하는 쪽은 적극적이고 공격적이라고 표현하고, 삽입을 받는 쪽은 그 반대라고 생각한다. 그렇지만 수동적이고 소극적으로 오르가슴에 도달한다는 설명이 말이 될까? 남성 중심적 해석은 삽입하는 쪽이 주도해야 한다고 하지만, 섹스는 한쪽은 끌고 다른 한쪽은 뒤따라가는 팀플레이가 아니다. 스승과 제자나 팀장과 팀원의 관계가 아니기 때문이다. 굳이 어느 한쪽이 조금 더 주도적이어야 한다면, 삽입을 받거나 애무를 받는 쪽이다. 두 사람이 다 적극적이어야 한다면, 한 사람은 적극적으로 의사를 표시하고 다른 한쪽은 그 뜻을 적극적으로 받아들인다는 의미다.

한때 삽입 대신에 '흡입'이라는 표현을 쓰자는 주장도 있었다. 삽입은 남성 중심적 표현이고 흡입은 여성 중심적 표현이라는 말이었다. 그렇지만 남성이 개입되지 않은 섹스에서도 삽입을 남성 중심적 표현이라고 할 수는 없다. 또한 흡입이라고 표현해야 한다면 '받아들인다'는 점만 두드러져서 오히려 삽입하는 쪽이 주의해야 할 점들을 구체적으로 설명하기가 어려워진다.

예를 들어보자. 같은 삽입 섹스라고 해도 질벽이 자극받는 지점이 늘 똑같지는 않다. 삽입을 하는 각도와 깊이에 따라 질벽의 앞쪽 위, 질벽의 앞쪽 아래, 질벽의 안쪽 아래, 자궁경부와 그 주변 등을 각각 자극할 수 있다. 이 목록은 여성들이 가장 많이 오르가슴을 느낀다고 답한 지점을 순서대로 늘어놓은 결과다. 물론 전체 답변을 합쳐 평균으로 순위를 매긴 목록인 만큼 좋아하는 자극 순서는 사람마다 다를 수 있다. 그러므로 받는 쪽이 주도권을 갖고 자기가 어느 부분을 선호하는지를 밝혀야 자신도 오르가슴을 느낄 가능성이 높아진다. 각자 자기만의 순위표를 만들어볼 수도 있다.

오르가슴을 잘 느낄 수 있는 방법으로 주의 사항 하나만 더하

자. 오르가슴을 느끼는 데 가장 중요한 요소는 긴장 풀기다. 섹스에 관해 '더럽다', '추하다', '나쁘다'는 생각을 하면 오르가슴을 느낄 수 없다. 몸매에 자신이 없거나 숨기고 싶은 구석이 있을 때도 오르가슴을 느끼기 어렵다. 상대에게 섹스 말고 다른 일로 불만이 있을 때도 마찬가지다. 섹스를 하기 전에 대화를 많이 나누고 서로 솔직해지는 일도 중요하다.

문제는 솔직히 말하기가 쉽지 않다는 점이다. 그래도 이렇게 권할 수밖에 없다. 애인에게 내가 생각하는 내 몸의 단점, 이를테면 가슴이 너무 작아서 콤플렉스라거나 뱃살을 보여주기 싫다는 말을 하지 않고서 위축감이 없는 섹스를 하기는 어렵다. 이렇게 솔직히 말했는데 상대가 자기도 네가 좀 뚱뚱하다고 생각한다거나 네가 살을 빼면 좋겠다는 따위의 말을 하면 헤어지는 편이 낫다. 차라리 이렇게 솔직히 말하고 계속 사귈 만한 사람인지 확인하자.

우리는 사랑하기 때문에 상대가 떠나갈까 봐 스스로 단점이라고 생각하는 일들을 숨기고 싶어하고, 섹스를 할 때도 특정한 자세나 옷차림을 고집하기도 한다. 몇 번은 그렇게 할 수 있겠지만, 만약 당신이 사랑하는 사람하고 오래 사귀는 목표를 갖고 있다면 이렇게 해서는 안 된다는 사실만은 분명하다.

여성의 사정과 지스폿 자극법

여성도 남성처럼 사정을 하는지를 둘러싸고 말들이 많다. 사정이 아니라 소변이라고 주장하는 이들도 있다. 만약 사정을 정자가 포함된 액체인 '정액이 나오는 현상'으로 좁게 해석하면 여성이 사정한다고 말할 수 없다. 그렇지만 정액으로 한정하지 않고 여성이 섹스 도중에 질액이 아닌 또 다른 액체를 분비할 수 있느냐고 물으면 그렇다고 답할 수 있다. 이 액체를 가리키는 다른 합의된 말이 아직 없으니 일단 '사정'이라고 부르겠다.

앞에서 우리는 여성의 전립선에 관해 살펴봤다. 요도관을 따라 분포된 전립선에서 나오는 분비물은 요도를 거쳐 밖으로 배출되는데, 여성도 사정한다고 말할 때 가리키는 액체가 바로 전립선액이다.

캐서린 블랙레지 박사가 한 조사에 따르면, 고대 중국에서 나온 책에도 여성이 절정에 이를 때 많은 액체를 분출한다는 문장들을 찾을 수 있다. 고대 그리스의 유명한 의사 갈레노스도 《신체의 유용성에 관해On the Usefulness of the Parts》에서 여성도 전립선이 있다고 밝혔다. 갈레노스는 이 액체가 생식하고는 관련 없지만 수분 함량이 매우 높다고 했다. 인도의 《카마수트라》에도 여성도 남성처럼 정액이 나온다는 구절이 나온다. 인도에서는 이 액체를 '사랑의 주스'라고 불렀고, 중국에서는 '월화약'이라고 했다. 그러니까 여성의 사정은 아주 오래전부터 이미 관찰된 현상이지 현대에 갑자기 밝혀진 비

그림 5. 요도와 전립선 분포의 다양한 모습. ⓐ는 전립선 도관들이 요도구 쪽으로 몰린 때, ⓑ는 방광 쪽으로 몰려 있는 때, ⓒ는 요도 전반에 고루 펼쳐진 때를 보여준다. 모든 여성이 지스폿 자극을 느끼지 않는 이유는 이렇게 전립선의 분포 자체가 모두 똑같지 않기 때문이다. 이 그림은 캐서린 블랙레지의 《브이 스토리》에 실린 그림을 참조해 다시 그렸다. 《브이 스토리》는 1948년 제이 더블유(J. W.) 허프만이 그린 '인간 여성의 전립선 밀랍 모형도'가 출처라고 밝혔다.

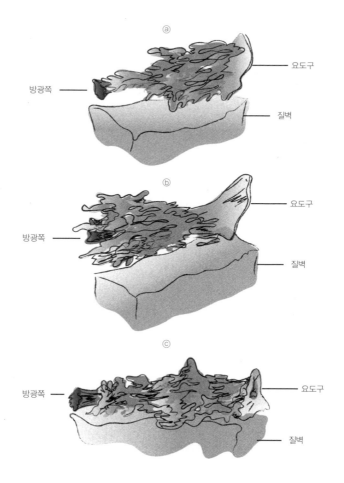

밀이 아니다. 오히려 그동안 여성의 사정을 부정하고 전혀 말하지 않은 채 감춰둔 이유를 물어야 한다.

그렇다면 왜 어떤 사람은 사정을 하고 어떤 사람은 한 번도 사정을 경험한 적이 없는지 의문이 생길 수 있다. 캐서린 블랙레지는 《브이 스토리》에서 그 이유를 자세히 밝히고 있다. 블랙레지에 따르면 전립선의 분비샘과 도관이 방광의 경부 쪽에 몰려 있는 여성도 있고, 반대로 요도구 쪽에 몰려 있는 여성도 있고, 일정한 비율로 폭넓게 퍼진 여성도 있다. 그래서 지스폿G-spot 자극을 빠르게 잘 느끼는 여성도 있고, 아무리 자극해도 못 느끼는 여성도 있다.

골반 근육의 발달 정도 등에 따라 전립선에서 나온 액체를 힘차게 밖으로 배출하지 못해서 도리어 방광으로 들어가버리기도 한다. 오르가슴 전과 후에 소변을 받아 검사하면 이런 사실을 확인할 수 있는데, 오르가슴 뒤에 나온 소변에서 전립선액에서만 나오는 성분이 검출됐다. 밖으로 보일 만큼 사정을 하지 않았을 뿐 실제로는 거의 대부분의 여성이 사정을 한다는 사실을 증명하는 결과다. 다만 밖으로 분출되지 않고 방광으로 역류하는 사례가 있어서 나한테는 그런 현상이 없다고 생각할 뿐이라고 한다.

당신도 지스폿 오르가슴을 느껴보고 싶다면 먼저 손가락(자기 손가락으로도 불가능하지는 않지만 쉽지는 않다)을 질에 넣어서 질의 앞쪽 벽을 더듬어 가장 민감하게 느껴지는 스폰지 같은 곳을 찾아라. 그곳을 누르고, 문지르고, 두드려보라. 화장실에 가고 싶다는 느낌이 들면 일단 성공이다. 그 느낌을 계속 유지하면서 스폰지가 딱딱해지고 커지다가 오르가슴이 온몸을 가득 채운다고 상상해보라. 포기하지 않고 계속하면 마침내 외치게 된다.

"오, 마이 갓!"

그렇지만 잊지 마시라. 모든 여성이 이 방법으로 지스폿 오르가슴을 느낄 수 있는 것은 아니다. 현재 진행된 연구에 따르면 여성의 20~30퍼센트 정도만 지스폿 자극으로 오르가슴에 도달한다고 하니 30퍼센트에 속하지 않는다고 해서 크게 실망한 이유는 없다. 우리에게는 아직도 많은 영역이 남아 있기 때문이다. 당신은 분명히 다른 30퍼센트에 속할 것이다.

그리고 이미 눈치챘겠지만 당연하게도 페니스보다는 손가락이 지스폿 자극에 더 알맞다. 그래서 《지스폿과 최근의 성적 발견들The G Spot and Other Recent Discoveries About Human Sexuality》(1982)에는 이런 주장이 담겨 있다고 한다. "이성애를 하는 여성보다 레즈비언들에게서 이런 사정이 더 많을 듯하다." 그렇지만 이성애 여성이라고 해서 실망할 필요는 없다. 이미 자위를 통해 지스폿 자극 방법을 설명했고, 핑거 섹스는 누구든 할 수 있기 때문이다. 페니스만 사용해야 한다는 고집만 버리면 말이다. 그러니 원한다면 상대에게 요구하시라.

응용 1
삽입형 섹스

삽입형 섹스는 크게 핑거 섹스, 딜도 섹스, 애널 섹스로 나뉜다. 각각을 좀더 자세히 살펴보자.

핑거 섹스

말 그대로 손가락을 사용하는 섹스를 통틀어 일컫는다. 손가락을 삽입하는 방식 말고도 손가락을 이용해 클리토리스를 자극하는 방식까지 다 포함될 테지만, 자극 방식과 오르가슴에 도달하는 원리가 각각 다르다. 여기에서는 삽입형 섹스에 한해서만 다루고 클리토리스 자극에 관련된 내용은 다음 장에서 다룬다(질이나 항문에 손 전체를 삽입하는 방식을 '피스팅fisting'이라고 한다. 피스팅은 포르노 영상이나 소설 등에 등장하지만 실제로는 하기가 어렵고 위험하기

그림 6. 핑거 섹스 때 손가락을 삽입한 모습. 손가락은 삽입체로서 페니스보다 훌륭하다. 각도와 굵기를 자유롭게 조절할 수 있기 때문이다. 질내 삽입은 질벽 자체를 자극하지 않고 질 주변의 요도, 방광, 클리토리스, 자궁, 직장 등을 자극한다는 사실을 알 수 있다.

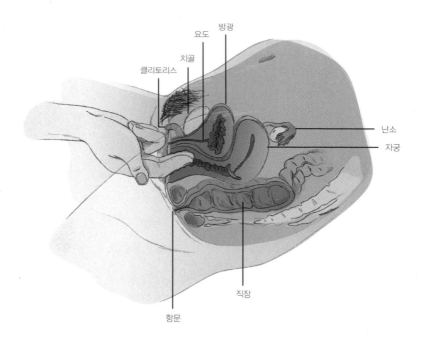

도 하다. 이 책에서는 다루지 않는다).

손가락은 페니스의 대용품이 아니다

핑거 섹스를 페니스가 없는 레즈비언들이 궁여지책으로 고안했다고 생각하는 사람들도 있다. 천만의 말씀이다. 섹스를 할 때는 분명히 손도 하나의 성기다. 오히려 페니스가 도저히 따라올 수는 없을 정도로 손가락은 성기로서 장점이 아주 많다.

이를테면 핑거 섹스에는 조루(남성이 사정을 너무 빨리 하는 현상으로 여성이 오르가슴을 느낄 틈이 없다)나 지루(남성이 사정을 하지 못하는 현상으로 삽입 시간이 길어져 여성이 고통받는다)가 없다. 발기 불능이나 발기 지속증 같은 성적 문제가 생기지 않는다. 또한 삽입의 굵기를 자유자재로 조절할 수 있다. 여성의 질도 그날의 컨디션에 따라 확장과 수축의 정도가 달라진다. 이때 손가락은 그 컨디션에 맞춰 섹스를 즐길 수 있게 한다.

가끔 페니스가 없어 애인을 만족시키지 못할까 걱정하는 레즈비언도 있다. 이제는 자신감을 가지자. 포르노 영화에서는 남자 주인공들이 길고 큰 페니스를 자랑하지만, 어차피 성감을 느낄 수 있는 부위는 질 입구다. 자궁경부 쪽까지 닿는 깊은 삽입에서 오르가슴에 도달하는 여성은 전체의 30퍼센트 정도라는 연구도 있는데, 여기에 속하는 여성이 아니라면 길고 큰 페니스가 아무 소용이 없다. 그리고 길이보다 더 중요한 요소는 삽입체의 '경도', 곧 단단함의 정도다.

손가락은 페니스에 견줘 알맞은 경도를 늘 유지할 수 있다. 또한 페니스에 견줘 손가락은 각도 조절이 쉽다는 장점도 지녔다.

섹스를 하는 데 가장 좋은 손가락의 우열은 모양이나 길이로 구별되지 않는다. 손톱을 최대한 짧게 깎고 깨끗이 씻은 부드러운 손이 가장 훌륭하다. 손톱이 길면 연약한 질벽의 점막에 상처를 낼 수 있다. 예정된 섹스가 있든 없든 손톱은 늘 짧게 정리하는 편이 좋다. 특히 섹스를 하기 직전에 손톱을 깎는 일은 주의해야 한다. 막 깎은 때는 오히려 끝이 더 날카로울 수 있다. 어쩔 수 없이 섹스 직전에 깎더라도 손톱을 둥글고 부드럽게 다듬어야 한다는 점을 잊지 마시라.

너무 당연한 설명이라서 강조하기도 민망할 지경이지만, 그래도 혹시나 하는 마음으로 말하면, 핑거 섹스에서는 손에 찬 화려한 장신구가 아무런 빛을 발휘하지 못한다. 금속제의 차가운 감촉은 성감을 떨어트릴 뿐 아니라 반지의 각진 모서리가 외음부나 질벽을 긁을 수도 있다. 손목에 차는 팔찌나 시계도 마찬가지다. 자기도 모르는 사이에 허벅지에 상처를 낼 수 있다. 반지나 팔지, 시계 등은 섹스를 하기 전에 미리 모두 빼놓아야 한다.

삽입하는 손가락 개수

"손가락을 몇 개나 삽입해야 하나요?" 이렇게 묻는 사람이 많다. 삽입 개수는 삽입하는 쪽이 결정하는 문제가 아니다. 흡입하는 쪽의 질이 확장되고 수축되는 정도에 따라야 한다. 손가락 하나가 삽입

되기도 하고 다섯 손가락 전체가 다 들어갈 때도 있다.

부디 착각하지 말기 바란다. 많이 삽입하는 사람이 능력이 뛰어난 사람은 아니다. 삽입하는 쪽에서 자칫 욕심을 부릴 수는 있지만 무리한 삽입은 상대에게 고통만 안겨준다. 성격에 따라 아파도 쉽게 내색하지 못하는 사람이 있다는 점을 고려해야 한다. 삽입하는 손가락 개수를 늘릴 때는 먼저 괜찮은지를 물어보라. 처음부터 서너 개씩 넣지 말고 먼저 하나를 넣어서 이제부터 삽입이 시작된다는 신호를 질이 알아차리게 하라. 그런 다음 상대가 원하는 대로 삽입하는 손가락 개수를 늘리면 된다.

삽입을 받는 쪽도 아픔을 참을 필요는 없다. 섹스는 나하고 상대가 즐거워지려고 나누는 몸짓이지, 일방적인 희생이 아니다. 원하는 바를 표현하라. 삽입 각도와 속도, 굵기 등에 관해 주도권을 가져야 한다는 점은 앞서 강조했다.

가끔 누구는 몇 개가 들어간다더라는 말을 상대에게 할 때도 있는데, 이 세상에서 최고로 쓸데없는 소리 중에 하나다. 다른 커플이나 예전 애인의 섹스 방식을 그대로 옮기려 하지 말자. 지금 파트너하고 나누는 새로운 섹스에 재빨리 적응하는 일이 더 현명하다.

여자들끼리 할 때도 콘돔을 써?

2000년에 처음 섹스 가이드북을 낸 때는 피임을 할 것도 아닌데 핑거 섹스에서도 콘돔을 쓰냐고 반문하는 사람들이 많았다. 그만큼 콘돔을 피임 도구로 생각하는 경향이 강했다. 그렇지만 콘돔은 위생 도구이기도 하다(그나마 남녀 사이에서 좀더 잘 쓰면 좋을 텐데, 한국은 사용률이 낮아서 걱정이다).

일반 콘돔 또는 손가락용 콘돔으로 만든 핑거돔 등은 손톱이 질벽을 할퀴거나 혹시 손에 남아 있을지 모르는 세균이 질에 전염되는 사태를 막아준다. 손톱을 물어뜯는 버릇 탓에 삽입할 때마다 손이 아리는 때도 도움이 된다. 손가락에 상처가 난 때도 마찬가지다. 상처 난 손으로 삽입하면 위험할 수 있는데, 이때도 콘돔이 쓸 만하다.

물론 손가락에 일반 콘돔을 씌우는 일은 생각만큼 쉽지 않고, 잘 벗겨지기도 한다. 그래서 콘돔보다 착용이 쉬운 의료용 고무장갑(폴리 글러브)을 콘돔 대용으로 쓸 수도 있다. 의료용 장갑은 의료 기기를 파는 곳에서 살 수 있다. 좀더 색다른 콘돔을 원하면 섹스토이를 파는 곳에서 핑거돔을 구할 수도 있다(여러 종류의 콘돔을 살 수 있는 방법과 사용법은 'BOOK 2'의 1장을 참고하라).

깊은 삽입이 능사가 아니다

피스톤 운동을 하다보면 질의 깊숙한 곳까지 닿고 싶은 충동을 느낄 수도 있다. 그런 욕구에 따라서 손을 힘껏 움직이는 행동은 위험하다. 특히 자궁경부에 손가락 끝이 세게 부딪치는 일은 피해야 한다. 자궁경부에 상처가 나서 염증이 생길 수도 있다.

손가락이 질벽에 부딪칠 때 손톱 끝이 아니라 손가락의 도톰한 끝부분이 닿을 수 있게 손바닥이 위를 향하도록 손을 뒤집어서 삽입하는 요령이 필요하다. 손가락 끝에 힘을 줘 약간 꺾으면 손톱이 아니라 손가락의 살 부분이 질벽에 닿게 돼 부드럽게 삽입할 수 있다.

상대가 등을 바닥에 대고 누운 상태라면 손가락을 삽입하는 각도는 약간 비스듬하게 30도 정도 아래를 향한다고 생각하는 편이 좋다. 팔을 90도로 꺾어서 바닥하고 평행하게 삽입하면 질벽에 예상보다 빨리 닿게 된다. 그래서 처음에는 질이 이렇게 짧나 하고 착각할 수도 있다. 여기에서 질의 구조를 떠올려보자. 질은 에스자 형태로 살짝 기울어져 있다. 질이 뻗은 방향을 따라 삽입하려면 이 각도를 맞춰야 한다.

기본편에서 배운 지식을 총동원해 응용해보자. 질의 주변에는 방광, 요도, 직장 등 다른 장기가 있고, 질의 끝에는 자궁이 있다. 이제 삽입 각도에 따라 자극 지점이 어떻게 달라지는지를 상상해보자. 질의 앞쪽 위 벽을 누르면 방광이 자극받고, 아래쪽 벽을 누를 때는 직장에, 질 안으로 더 들어가면 자궁경부나 자궁벽에 닿게 된다. 질벽에 가하는 압력은 결국 질벽에 맞닿아 있는 다른 신체 기관에 전달되고, 자극 지점에 따라 느낌이 달라진다.

핑거 섹스를 더 잘하려면 섹스하는 두 사람이 질 내부의 어느 곳을 어떻게 만져줄 때(찌르기, 두드리기, 누르기, 마찰시키기, 어루만지기 등 여러 방법이 있다) 쾌감을 느끼는지에 관해 격의 없이 편안하게 대화를 나눠야 한다.

손의 3가지 삽입 방향

삽입 방향은 손등이 아래로 향하기, 손등이 위로 향하기, 손등을 옆으로 세우기 등 세 가지다. 삽입 방향은 무엇이든 상관없다. 두 사람이 여러 시도를 하면서 좋아하는 방향을 찾으면 된다.

섹스 경험담을 듣다보면 상대가 오르가슴에 이른 듯하면 섹스가 끝났다고 생각하고 바로 손가락을 빼버리는 사례가 있다. 이런 행동은 한마디로 예의가 아니다. 삽입을 한 손은 상대가 이제 빼도 괜찮다고 할 때까지 그대로 머물러 있어야 한다. 갑자기 빼버리면 허전해지면서 찬 기운을 느낄 수 있으며, 기분마저 안 좋아질 수도 있다. 다만 상대도 하나하나 섭섭함을 표현하기 힘들기 때문에 말하지 않을 뿐이다.

핑거 섹스를 할 때 삽입하는 쪽이 다칠 수도 있다. 삽입을 하다 상대의 체중이 한꺼번에 실리면 손가락이 접질리기도 한다. 삽입 때 자세가 편하지 않으면 손목에 무리가 간다. 무리한 삽입 섹스로 손목 인대가 늘어나기도 한다. 섹스도 준비 체조가 필요하다. 손목과 손가락의 근육을 미리 풀어주는 준비 운동을 하면 좋다.

삽입을 할 때 질 안이 진공 상태로 느껴질 정도로 강하게 질벽이 손가락을 조이기도 한다. 흥분할수록 질은 길어지고 확장되기도 하지만 질 입구 부분의 근육들이 긴장하면서 강하게 수축하기 때문이다. 이렇게 움직이지도 못할 정도로 꽉 조인 상태로 오래 있으면 손가락 마비가 올 수도 있다. 이런 상황을 피하려면 삽입 때 손가락에 너무 힘을 주지 말아야 한다. 질 안이 진공 상태라고 느껴질 정도일 때 무리하게 빼려고 하지 않는 편이 좋지만, 필요하면 다른 손가락 하나를 질 입구에 살짝 밀어 넣거나 상대의 아랫배를 살짝 누르는 것도 방법이다.

지치지 않고 피스톤 운동을 하는 요령

몸이 피곤할 때나 팔이 지쳐 있을 때는 피스톤 운동을 하기 힘들다. 오른손과 왼손을 번갈아가며 할 수도 있지만, 아무래도 양손잡이가 아니면 어느 한쪽 팔은 힘들 수밖에 없다. 상대는 아직 오르가슴에 도달하지 않았는데 내가 먼저 지치지 않을 요령은 없을까?

손가락 삽입은 손가락의 힘을 이용하는 첫째 단계, 손목의 스냅을 활용하는 둘째 단계, 팔 전체의 힘을 이용하는 셋째 단계, 어깨와 팔을 몸에 붙여 고정하고 상반신과 허리의 힘을 쓰는 넷째 단계로 나눌 수 있다. 이 네 단계를 상황에 맞게 골라서 섞어 쓰면 된다.

먼저 손가락을 움직이며 질과 외음부를 자극할 수 있다. 그다음 손목 스냅을 이용해 역동적인 피스톤 운동을 한다. 이때 어깨나 팔에는 힘을 넣지 않는 편이 좋다. 이어서 손가락과 손목은 부목을 댄 듯 고정한 채 팔꿈치 아래쪽의 팔을 움직인다고 생각하는 방법도 있다. 또는 팔꿈치 윗부분의 팔을 몸에 딱 붙인 뒤 허리 힘을 이용해 몸을 움직이는 피스톤 운동도 있다. 이런 때는 삽입 강도가 매우 강해서 상대가 아파할 수도 있다. 그래서 늘 강조하지만 삽입하는 쪽

그림 7. 벨트형 딜도를 찬 모습. 딜도 섹스는 남자하고 하는 섹스를 흉내내는 행동이 아니다. 딜도 자체가 하나의 섹스 유형이며, 페니스 삽입 섹스하고는 다르기 때문이다.

은 자아도취에 빠지거나 이런 상황을 판단하지 못할 정도로 술에 취하지 않게 늘 조심해야 한다.

딜도 섹스

딜도를 사용하는 이유

딜도는 모조 성기다. 지난날에는 오이나 나무 방망이 같은 자연물을 사용했지만, 요즘은 모양과 재질이 다양한 딜도를 판다. 페니스하고 똑같은 모양도 있지만, 풍부한 상상력에 바탕한 여러 가지 딜도가 많이 제작된다.

"딜도를 쓸 바에야 남자랑 하지 왜 레즈비언이 딜도를 써?" 이렇게 딜도를 강하게 거부하는 사람도 있다. 딜도 섹스를 좋아한다는 말이 남자하고 하는 섹스를 좋아한다는 의미는 아니다. 페니스가 곧 남성은 아니지 않은가. 흔히 딜도를 '페니스 대용품'으로 생각하는데, 아니다. 그런 식으로 빗대자면 '손가락 대용품'이라고 할 수도 있다. 굳이 무엇의 대용품이 아니라, 딜도 섹스 자체가 하나의 '장르'다. 또한 딜도는 자위를 돕는 도구이기도 하다.

딜도 섹스의 가능성

1990년대만 해도 딜도는 해외여행을 나가야 볼 수 있고 살 수 있었다. 2000년대에는 성인용품 가게가 생기기 시작하고 온라인으로 살 수도 있게 됐다.

딜도는 주로 플라스틱이나 실리콘으로 만들었는데, 요즘에는 크리스털로 만들기도 한다.

모양과 크기도 다양한데, 질 삽입용, 애널 섹스용, 클리토리스 자극 겸용 등 용도에 따라 여러 가지다. 손에 쥐는 것부터 끈이 달려 있어 허리에 차는 것까지, 여기에 진동, 회전, 온열 등 기능이 더해진 것들도 있다(딜도는 소독해서 보관하면 좋다. 딜도 구입법, 사용법, 관리법은 'BOOK 2'의 1장을 참고하라).

딜도에 콘돔을 끼우고 젤 같은 윤활제를 충분히 바른 뒤, 아주 천천히 삽입을 시도한다. 삽입한 뒤에는 질이 딜도에 적응할 수 있게 처음에는 움직이지 않고 가만히 있는 편이 좋다. 핑거 섹스에 익숙해져 있으면 딜도가 낯설고 이물질처럼 느껴져 쉽게 적응되지 않는다. 그렇지만 핑거 섹스하고는 다른 강한 자극을 좋아하는 사람은 딜도 섹스도 좋아한다. 허리에 차는 딜도는 두 손을 자유롭게 쓰고 핑거 섹스 때하고는 다른 체위를 구사할 수 있다는 장점이 있다.

주위의 물건을 쓸 때 주의 사항

예전부터 자연에서 빌려오는 딜도가 은밀히 쓰였다. 보통 오이, 가지, 당근이나 나무 봉처럼 둥글고 기다랗게 생긴 물건이 활용됐다. 이제는 여러 기능을 갖춘 딜도가 나오니까 굳이 자연에서 가져오지 않아도 된다. 자연물은 관리와 사용이 훨씬 더 어렵고 실패할 가능성도 있어서 되도록 권하고 싶지 않다. 그렇지만 자연물을 사용한다고 해서 나쁜 것도 아니니 호기심에 한두 번은 써볼 수도 있다. 무엇을 쓰든 상관없지만, 다음 몇 가지는 반드시 주의해야 한다.

첫째, 절대 차가운 상태로 사용하면 안 된다. 가끔 시장에서 채소를 사서 싱싱하게 보관한다고 냉장고에 넣어 뒀다가 분위기가 무르익을 무렵에 꺼내서 써야겠다고 생각하기 쉽다. 엄청난 착각이다. 질 안에 들어가기 때문에 체온하고 차이가 많이 나면 질은 깜짝 놀라 수축해버리고 성적 흥분도 함께 가라앉는다.

둘째, 털이 있거나 끝이 뾰족한 것, 너무 딱딱한 것은 질에 상처를 입힐 수 있다. 그래서 당근이나 오이는 권하고 싶지 않다. 반대로 가지는 너무 부드럽고 힘이 없어서 중간에 부러질 수 있다. 앞부분만 굵고 뒤로 갈수록 가늘어지기 때문에 손에 쥐기도 불편하다.

셋째, 맥주병처럼 속이 비고 한쪽이 뚫린 물건은 절대 삽입하면 안 된다. 병 입구 쪽으로 삽입했다가 빼버리면 기압 차이 때문에 질 내 혈관이 터질 수도 있다. 장난이라도 절대 하면 안 된다.

넷째, 질내에 전구를 삽입했다가 빼내지 못해서 병원에 실려 온 사례를 산부인과 전문의에게서 들은 적이 있다. 정말 위험한데도 순간적으로 괜찮겠지 착각하고는 위험한 물건을 삽입하기도 한다. 이런 점에서 섹스토이를 사용하라고 권한다. 훨씬 안전하다. 그래도 주위에서 구할 수 있는 물건으로 꼭 삽입을 하고 싶으면 이것만은 반드시 기억하자. 부서지거나 깨어지거나 부러지지 않는 재질이어야 하고, 어느 정도 길이가 있어서 삽입을 해도 손으로 잡을 여분이 충분해야 하며, 손으로 잡는 부분이 미끄럽지 않아야 한다. 영화에서는 가끔 둥근 구슬을 넣는 장면도 나오는데, 그런 때는 보통 구슬이 아니라 모두 특수 제작한 제품을 쓰고 끈이 달려 있어서 잡아당겨 뺄 수도 있다. 대충 비슷하다고 영화에서 본 대로 따라하면 곤란해질지도 모른다. 어떤 형태를 쓰든지 모든 삽입체에는 반드시 콘돔을 사용해야 한다는 점을 마지막으로 강조하고 싶다.

애널 섹스

역사적으로 전통 있는 섹스

애널 섹스anal sex, 곧 항문 성교에 사람들이 드러내는 거부감은 대단하다. 상상만 하면서도 고개를 젓는다. 어떤 동성애자는 애널 섹스 때문에 이성애자들에게 욕을 먹는다며 애널 섹스를 금지하자고 한다. 그렇지만 애널 섹스는 이성애자들 사이에서도 널리 쓰인 섹스 방법의 하나다.

　　로마 시대에는 피임법의 하나로 애널 섹스를 활용했다. 인도의 《카마수트라》를 비롯해서 고대부터 손가락으로 하는 항문 자극과 삽입에 관한 요령이 책으로 전해 내려온다. 그리스에서는 손가락에 올리브유를 발랐고, 중국에는 항문과 질에 손가락을 나누어 넣고 동시에 살짝 흔들어주는 방법을 남성에게 권유하는 책도 있다.

항문이 대변을 밀어내는 일 말고 다른 기능을 수행하면 안 된다는 철칙은 없다. 만약 그렇다면 항문이 성감대에 포함되는 것 자체가 엄청난 불행이다. 항문은 불결하기 때문에 섹스를 하는 데 적당하지 않다고 생각할 수 있지만, 청결하게 관리만 하면 특별히 나쁠 것도 없다. 사람들이 애널 섹스를 싫어하는 이유는 애널 섹스가 해서는 안 되는 행위이기 때문이 아니라 항문 터부 때문이다.

애널 섹스를 할지 말지는 개인의 자유이고 선택이지만, 당신이 즐기지 않는 섹스법이라고 해서 애널 섹스를 하는 사람을 삐딱한 눈으로 보지는 않기를 바란다. 명심하자. 세상에는 아주 다양한 사람과 아주 다양한 섹스가 있고, 가장 중요한 것은 '안전한 섹스'다.

평소에 한번 해보고 싶다는 생각을 해봤다면 주의 사항을 꼼꼼히 챙기자. 애널 섹스를 할지 말지는 당신과 당신의 파트너가 합의하는 순간에 결정된다. 그러므로 애널 섹스를 하기 위한 첫 관문은 파트너 사이의 합의다.

대장과 항문에 관한 오해 벗어나기

애널 섹스에 관해 거부감이 강한 이유는 우리가 대장의 구조를 잘 모른 채 선입견을 갖고 대하기 때문이다. 보통 섹스 가이드북에서는 그냥 애널 섹스를 해도 괜찮다고만 말하고 지나가니 마음속 의심이 없어지지 않는다. 이번에는 정말 좀 제대로 알아보자.

첫째, 대장은 배설 기관이 아니다. 엄연히 소화 기관이다. 우리 몸에서 배설 기관은 신장(콩팥), 수뇨관, 방광, 요도를 말한다. 애널 섹스를 반대하는 이들은 항문은 배설 기관이므로 섹스할 때 쓰면 안 된다고 하는데, 틀린 말이다.

둘째, 항문에 연결된 대장의 가장 마지막 부위는 직장이다. 직장은 아래쪽으로 항문에 연결되고 위쪽으로 에스상 결장과 한 번 구부러진 상태로 연결된다. 다시 말해 직장에는 보통 때는 대변이 없이 비어 있는 상태이고, 화장실에서 배출할 때에야 대변이 직장으로 내려온다. 직장의 길이는 15~20센티미터 정도여서 손가락을 삽입한다고 해서 대변 덩어리를 손으로 만질 가능성은 없다.

셋째, 애널 섹스 때 반드시 관장을 해야 하는 것은 아니다. 앞서 설명한 직장의 구조상 관장을 하지 않아도 애널 섹스를 즐길 수 있지만, 심리적 안정과 좀더 확실한 청결을 위해 관장이 좋은 방법일 뿐이다. 다만 변비나 설사 등 장이 좋지 않을 때는 피하는 편이 낫다. 평소에 장 건강을 살피는 습관이 관장보다 더 중요하다.

넷째, 항문에서 배출을 조정하는 기능을 하는 근육은 확장성이 높아서 천천히 부드럽게 하면 애널용 딜도나 손가락 삽입 때문에 다치지는 않는다. 항문에는 두 개의 근육이 있는데, 하나는 직장 안의 배출물을 밖으로 밀어내는 근육이고 또 다른 하나는 밖에서 안으로 뭔가가 들어오면 꽉 조여서 밖으로 다시 밀어내는 근육이다.

그래서 처음 삽입을 하려 할 때 이 근육이 먼저 작동하지만 조금 뒤 익숙해지면 자연스럽게 받아들이게 된다.

다섯째, 질과 직장의 다른 점은 한번 생각해봐야 한다. 직장과 질의 결정적 차이는 질은 입구가 좁고 안으로 들어갈수록 넓어지지만 직장은 그렇지 않다는 점이다. 항문에 다른 도구를 삽입하려 할 때 그 도구는 반드시 삽입이 되는 앞부분보다 뒷부분이 더 지름이 넓은 형태여야 한다. 애널용 딜도들은 모두 그렇게 생겼다.

여섯째, 질에서는 삽입을 돕는 윤활액이 분비되지만 직장과 항문에서는 삽입을 도울 만큼 윤활액이 충분히 분비되지는 않는다. 젤처럼 삽입을 부드럽게 해주는 윤활제를 콘돔하고 함께 사용하라.

에이즈 이후 애널 섹스는 두렵고 안전하지 못한 섹스로 받아들여졌다. 애널 섹스를 하면 항문이 찢어져 피가 난다고 걱정하는데, 삽입할 때마다 피가 나지는 않는다. 손가락 한두 개를 넣는다고 항문이 찢어지지는 않는다. 질 삽입도 무리하게 하면 질에 상처를 남긴다. 그러므로 애널 섹스가 문제가 아니라 얼마나 부드럽게 삽입을 잘하느냐가 중요하다.

애널 섹스의 가능성 타진하기

애널 섹스는 입으로 항문을 애무하는 행위와 항문에 삽입하는 행위를 모두 가리킨다. 항문 삽입은 손가락 한 개나 여러 개, 또는 항문 삽입용 딜도(크기가 작고 딱딱하며, 앞이 가늘고 뒤로 갈수록 굵어져 편안하고 안전하게 삽입될 수 있게 만든 딜도)를 이용할 수 있다. 항문은 당신이 생각하는 만큼 이상하지는 않다. 삽입을 해보면 따뜻하고 아늑한 곳이라고 느끼게 된다.

항문 삽입을 두려워하는 가장 큰 이유는 배출물이다. 그런데 배출물은 삽입하는 곳보다 더 안쪽에 있다. 대변을 만질지 모른다는 불안을 없애기 위해서라도 삽입할 때는 반드시 콘돔을 쓰자. 콘돔을 쓰면 뒤처리가 간편하다. 삽입이 끝난 뒤 콘돔을 손가락이나 딜도의 끝부분부터 뒤집으면서 빼내어 휴지로 잘 싸서 버리면 된다.

애널 섹스를 할 때는 먼저 상대의 항문을 마사지하고, 두드리고, 핥는다(혀로 핥는 애무를 리밍rimmimg이라고 한다. 리밍을 하려면 항문을 깨끗하게 씻어야 한다는 점을 기억하라. 반드시 리밍을 해야 한다는 말은 아니다). 첫 경험이라면 먼저 손가락 하나에 콘돔을 끼우고 젤을 충분히 바른 뒤 부드럽게 조금씩 천천히 삽입하면 된다(손톱은 짧고 부드럽게 정리돼 있어야 한다). 삽입 뒤에는 어떤 느낌인지 서로 이야기를 나누면 좋다. 애널 섹스는 신뢰가 중요하다. 대부분 처음에는 두려워하지만 시간이 지나면 더 많은 손가락을 삽입하고 싶어하기도 한다. 물론 다시는 하고 싶지 않다고 할 수도 있다. 그러면 하지 마라. 하기 싫다고 할 때는 절대 하면 안 된다.

상대에게 애널 섹스를 하자고 제안하기 전에 내가 애널 섹스를 할 수 있는지 먼저 확인해보는 방법도 있다. 자신의 손가락에 콘돔을 끼운 뒤 그 위에 젤을 바르고 항문에 삽입해볼 수 있다. 안쪽의 윤곽과 항문의 상태를 느껴보면 된다. 또는 애널용 딜도나 바이브레이터를 쓰는 것도 좋은 방법이다. 처음에는 애널 마개라고 할 수 있는 버트 플러그butt plugs라는 섹스토이를 사용할 수도 있다. 버트 플러그는 항문 삽입에 알맞게 만든 소형 딜도다. 그 느낌을 상대에게 설명하면서 어떻게 해달라고 주문하는 것도 도움이 된다.

상대의 손가락이 삽입될 때 긴장되면 숨을 깊게 들이마시며 긴장을 풀어라. 당신이 원하는 대로 솔직하게 말하면 한결 편안해진다. 잠시 그대로 있으라든지, 더 깊이 넣어보라든지, 아니면 빼라든지 말이다. 다시 한 번 반복하지만, 당신이 애널 섹스를 좋아하든 싫어하든 둘 다 똑같이 좋은 일이다. 잘못된 것이란 없다.

애널 섹스를 하는 요령에는 삽입을 하지 않더라도 손가락이나 치구 등 신체의 일부분을 활용해 후배위 체위로 항문과 회음부 주변에 집중적으로 압력을 줘 성감을 높이는 방법도 있다. 삽입이 없어도 회음부 자체가 민감한 성감대인데다가 색다른 체위라는 점만으로도 서로 흥분하게 된다. 특히 이런 체위는 애널 섹스 자체에 관한 낯설음, 편견, 두려움, 부담감을 없애는 첫 단계로 좋다.

애널 섹스의 세 가지 황금률

첫째, 긴장하지 말자. 마음을 편안하게 먹고 긴장하지 않을수록 두려워하는 애널 섹스에서 통증을 느낄 가능성은 낮아진다.

둘째, 콘돔과 윤활제(젤)를 사용하자. 페니스를 이용하는 애널 섹스에서는 콘돔이 찢어질 수도 있다. 페니스의 크기와 굵기에 더해 피스톤 운동에 따른 마찰이 있기 때문이다. 그렇지만 손가락을 이용한 섹스는 페니스하고 다르게 굵기를 조절할 수 있고, 첫 삽입부터 부담이 적고, 콘돔이 찢어질 위험성도 훨씬 낮은 상태로 안전하게 즐길 수 있다.

셋째, 항문에 삽입한 손가락은 (콘돔을 썼어도) 다른 곳을 애무하기 전에 반드시 물과 비누로 깨끗이 씻자. 항문을 깨끗이 씻고 주의를 기울여도 혹시나 깨닫지 못한 실수를 할지도 모르기 때문에, 질 감염 등을 막으려면 이런 행동은 필수다.

4

응용 2
외음부 자극형 섹스

클로토리스 애무의 원리를 과학적으로 설명하면, 클로토리스와 포피에는 압력과 진동에 반응하는 감각 수용체인 파시니 소체Pacinian Corpuscle가 몰려 있다. 파시니 소체는 감각을 느끼는 말단 기관으로, 압력의 변화를 민감하게 느끼고 대뇌로 전달하는 구실을 한다. 파시니 소체가 몰려 있기 때문에 클로토리스와 소음순은 어루만지는 정도에도 즉각적인 반응을 보인다.

클리토리스와 친구들

무리 말고 자기만의 방식 찾기

클리토리스 애무에서 주의 사항은 무리하게 자극하지 않기다. 클리토리스는 너무 예민하기 때문에 통증을 느끼기 쉽다. 클리토리스나 유방같이 예민한 곳을 만질 때는 상대가 어떻게 느끼는지 살피면서 강도를 조절해야 한다. 또한 마른 손가락으로 클리토리스를 만지면 아플 수도 있다. 손가락으로 클리토리스를 직접 만지지 않고 겉(음핵 포피)에서 부드럽게 압박하거나 오럴 섹스를 하는 쪽이 좋다.

처음부터 클리토리스를 자극하지 말고, 치구와 대음순, 소음순 등 주변을 입술로 눌러주고 혀로 핥아주다가 살짝 클리토리스를 건드린 뒤 다시 돌아와야 한다. 직접적인 클리토리스 자극은 부드럽고 리듬감 있게 한다. 강한 자극을 좋아하면 클리토리스 아래쪽을 손가락으로 쥐고 강약의 리듬을 주면서 흔들거나 손가락 끝으로 튕기는 방법도 있다. 클리토리스 주변으로 뜨거운 입김만 불어넣어도 흥분을 느끼는 사람이 있고, 클리토리스 자극에 무감각하거나 그다지 좋아하지 않는 사람도 있다. 사람에 따른 차이이기도 하고, 같은 사람이어도 몸 상태에 따라 다르기도 하다. 각자 자신만의 방식을 개발한다고 생각하면 좋다.

흔한 섹스 가이드북에서 오럴 섹스를 할 때 과일이나 주스를 사용하는 방법을 권유한다. 주스나 꿀 등을 클리토리스 주변에 묻혀서 핥아먹으면 자연스럽게 클리토리스가 자극된다는 식이다. 귤이나 포도알 등을 가슴에서 치구까지 일정한 간격으로 얹어놓고 위에서 아래로 오로지 입만 이용해 차례로 까먹으면서 내려오는 방법도 전통적이다. 껍질을 깐 귤 한 조각을 아예 클리토리스 위에 놓고 입으로 밀착하며 즙을 빨아먹을 수도 있다.

틀리거나 잘못된 방법들은 아니지만 영화나 소설의 주인공처럼 쉽게 할 수는 없다. 주스나 꿀은 이불이나 몸에 묻으면 끈적거려서 도리어 기분이 상하는 낭패를 볼 수 있다. 이런 방법들은 실패할 가능성도 열어두고 두 사람이 함께 시도하면서 즐거워할 때 의미가 있다.

소음순과 대음순

소음순의 모양은 사람마다 정말 다 다르다. 그래서 자신의 소음순이 이상하게 생겼다며 부끄러워하는 사람도 많다. 그렇지만 소음순에는 말초 신경이 많아 예민하다. 또한 클리토리스에 연결돼 있어 소음순을 자극하면 클리토리스에도 자극이 전달된다. 소음순을 자극하려면 가운뎃손가락으로 부드럽게 빙글빙글 돌리듯 어루만지거나, 소음순의 끝부분을 손가락 끝으로 누르거나 돌려도 좋다. 혀로 애무하면서 아래턱으로 압박하는 방식도 쓸 수 있다.

대음순은 소음순만큼 민감하지는 않지만 비슷한 효과를 거둘 수 있다. 손가락으로 치구와 대음순의 털을 쓰다듬거나 손으로 쥐듯이 압력을 주는 방식도 좋다. 소음순과 대음순을 딱 둘로 나눠 애무하는 방식이 아니라 동시에 한다고 생각하면 더 낫다. 특히 소음순과 대음순이 연결되는 부분에서 느껴지는 자극을 좋아하는 사람도 있다. 소음순과 대음순은 손가락이나 손바닥, 혀와 입, 턱 등을 이용해서 감싸기, 쓰다듬기, 누르기, 흔들기, 비비기 등 여러 방식으로 자극할 수 있다.

오럴 섹스

오럴 섹스는 입술과 혀 등을 이용해서 외음부를 자극하는 섹스를 말한다. 오럴 섹스를 하는 데 용기가 필요하다는 이들도 있는데, 삽입 섹스에 견줘 여러 심리적 부담이 생기기 쉽다. 자신의 외음부에 상대의 얼굴이 있다는 말은 상대가 내 외음부를 눈으로 보고 코로 냄새를 맡을 수도 있다는 뜻이기도 하니까. 그래서 혹시 이상하게 생겼다고 생각하거나 좋지 않은 냄새를 맡으면 어떡할까 하는 걱정 때문에 오럴 섹스를 피하려는 마음이 든다. 오럴 애무를 하는 쪽도 외음부를 '오줌이 나오는 곳'으로 생각하면 자신도 모르게 꺼리는 마음이 들 수 있다. 그렇기는 해도 오럴 섹스는 삽입형 섹스보다 대체로 만족도가 높다. 오럴 섹스만으로 오르가슴에 도달할 수 있다고 말하는 사람도 있으니, 선입견이 주는 두려움을 떨치고 나면 그전에는 모르던 세계를 만나게 될지도 모른다. 용기를 내보자.

아이스크림 먹듯이

오럴 섹스의 첫 단계는 따뜻한 손바닥으로 아랫배나 허벅지 안쪽, 치구 등을 쓰다듬거나 키스를 한다. 이제부터 오럴 섹스를 하겠다는 신호를 보내는 행동이다. 소음순을 찾기 쉬울 때도 있지만, 사람에 따라 뒤얽힌 음모에 파묻혀 찾기 어려울 수도 있다. 그럴 때는 손가락으로 음모를 가지런히 다듬어주면서 대음순과 소음순을 찾아내는 과정도 나름대로 에로틱한 느낌을 나눌 수 있다.

소음순과 대음순이 연결되는 갈라진 틈에 주의를 기울이면서 혀로 부드럽게 어루만진다. 입김을 불어보기도 하고, 혀를 빙빙 돌리거나 입술로 소음순의 한쪽을 가볍게 빨 수도 있다. 클리토리스를 바로 애무하기보다는 대음순과 소음순, 질 입구 등을 먼저 핥거나 빨고, 부드럽게 깨물어주면 더 기분이 좋아진다.

질 속으로 혀가 삽입되는 것을 좋아하는 사람도 많은데, 이때는 허리를 베개로 받쳐 혀가 삽입하기 좋은 각도를 만든다. 음순을 자극하면서 양손으로 엉덩이를 애무하면 강렬함과 충족감은 2배로 된다. 혀의 길이와 유연성, 음부의 모양에 따라 혀를 질에 삽입하기 어려운 때도 있다. 또한 혀에 무리가 올 수도 있으니, 무조건 따라하지 말고 혀를 삽입하기 어려울 때는 손가락 삽입으로 대체하자.

이제 질부터 클리토리스까지 천천히 핥는다. 그러다 속도를 점점 더 빨리 할 수도 있다. 혀 끝부분만 써도 좋고 혀 전체를 써도 좋다. 강약의 정도는 상대가 더 좋아하는 쪽을 따르면 된다. 조금씩 클리토리스로 접근해가거나, 부드럽거나 강하게 빨면서 잠시 떼었다가 입술이나 유두에 키스를 하고 다시 되돌아올 수 있다. 응용법으로는 혀를 질 입구에서 납작하게 붙여서 아주 천천히, 거의 느끼지 못할 만큼 천천히 클리토리스까지 끌고 올라가는 방법도 있다. 1분 정도 걸리는 이 시간 동안 성감이 점점 자극된다. 또는 얼굴을 바짝 가져다 대고 콧노래를 불러서 묘한 진동을 느끼게 할 수 있다.

그림 8. 69 자세로 하는 오럴 섹스. 오럴 섹스를 두 사람이 동시에 상대에게 하는 자세다. 같은 69 자세라도 옆으로 눕는지나 바로 눕는지 등에 따라 여러 형태가 가능하다.

《성의학의 이해》에는 이런 사례도 실려 있다. "오럴 섹스를 하는 동안 침대 옆에 따뜻한 차와 차가운 얼음물을 준비한다. 차를 한 모금 마시고, 일을 수행하고, 다시 쉬면서 얼음물을 먹고, 오럴 섹스를 하면, 그녀는 완전히 정신을 잃고 오르가슴을 느낀다." 이런 증언을 한 남성이 특유의 과장을 섞은 듯하기는 하지만, 따뜻함과 차가움을 섞는 방식이 더 특별한 쾌감을 줄 수 있는 것만은 거짓이 아니다.

클리토리스로 절정 가기

상대가 점점 더 흥분하고 오르가슴에 가까워지면 이제 상대가 좋아하는 한두 가지 자극 방법(클리토리스만 빨아준다든지, 혀로 빙빙 돌린다든지, 넓게 핥아준다든지 등 다양한 자극법 중 한 가지)만을 택해서 절정에 이를 때까지 집중적으로 계속해야 한다. 오럴 섹스를 하면서 오랫동안 혀를 밖으로 내밀고 있으면 힘이 든다. 이럴 때는 혀를 살짝만 내어놓고 머리를 대신 움직이는 응용법을 쓴다. 또는 혀를 손가락으로 아주 자연스럽게 대체하는 방법도 있다.

질 입구를 놓치지 말자

여기서 질 입구란 소음순의 안쪽인 요도 입구와 질 입구 부분, 그리고 질의 안쪽으로 3분의 1 정도(2~3센티미터)까지 들어간 부분을 말한다. 이 부분은 매우 민감한 고감도 성감대다. 혀를 둥글게 말거나 쭉 내밀어서 쿡쿡 찌르듯이 넣었다 뺐다 하면서 자극을 주자. 혀로 구석구석 상하좌우로 강하게 밀듯이 핥아도 쾌감을 불러일으킨다.

혀와 손가락을 동시에 쓸 수도 있다. 손가락 하나 정도로 질의 입구 근처에서만 속도감 있게 들락날락거리며 소음순 벽과 질 입구 벽을 마찰하고 혀로는 클리토리스를 애무한다. 또는 질 입구 전체를 마사지하듯 어루만져도 괜찮다.

흔히 하는 몇 가지 걱정

보통 오럴 섹스를 앞두고 냄새를 가장 걱정한다. 이런 걱정은 두 방향에서 다룰 수 있다. 첫째, 사실은 아무 냄새도 안 나는데 역겹거나 비린 냄새가 날 것이라는 선입견 때문에 냄새가 난다고 느낀다. 둘째, 질염 같은 증상이 있어서 정말 냄새가 난다. 첫째 사례는 더럽다거나 냄새가 날 것이라는 선입견을 버리면 되고, 둘째 사례는 병원에 가면 된다. 질염은 치료를 받으면 바로 좋아지기 때문에 빨리 갈수록 좋다(질염 같은 증상은 'BOOK 3'의 2장을 참조하기 바란다).

질염 등의 문제가 없는데도 약간의 비릿함을 느낄 수 있는데, 바로 직전까지 꽉 끼는 옷을 입었거나 더워서 땀을 흘렸거나 하면 그럴 수 있다. 배란기와 월경 전후에 따라서도 영향을 받는다. 오럴 섹스 때 향기가 나면 좋겠다고 생각하면 향기 나는 샤워 용품을 쓰는 것으로 어느 정도 도움을 받을 수 있다. 다만 치구와 대음순, 소음순의 주름진 부분 정도를 깨끗이 씻으면 되지, 향기를 입히겠다며 소음순 안쪽이나 질 안쪽까지 세정제가 들어가게 하면 안 된다.

오럴 섹스를 하다보면 질 분비액이 입안에 들어온다. 질액 자체는 몸에 해롭지 않으니 삼키지 않으려고 너무 애쓸 필요는 없다. 오럴 섹스를 할 때 입을 질 입구에 바짝 들이대고 질 안의 공기를 쭉 빨아들이거나 공기를 확 불어넣는 행동은 절대 하지 말아야 한다. 질 내부와 외부의 기압 차를 만들 수 있기 때문이다.

트리바디즘

여성 두 명이 서로 성기를 맞대고 비비는 행위를 트리바디즘tribadism 이라고 한다. 두 개의 성기를 마찰시키면서 소음순과 클리토리스 등을 자극해 쾌감과 흥분을 불러일으키는 방식인데, 아주 옛날부터 알려진 체위다. 고대 그리스에서는 레즈비언을 '트리바드tribade'라고 부르기도 했다. 사전에서 트리바디즘을 찾으면 '레즈비언의 섹스'라고 나와 있다. 따라서 트리바디즘은 가장 레즈비언다운 섹스라고 할 수도 있다. 처음으로 동성 간 섹스를 할 때 삽입이나 오럴 섹스에 거부감이 들면 먼저 트리바디즘부터 할 수도 있다.

트리바디즘에 몇 가지 응용 자세가 있다. 첫째, 두 사람이 마주보고 포개어 누운 자세다. 등을 대고 누운 쪽은 다리를 벌리고, 엎드려 누운 쪽은 그 사이에 다리를 모아서 두 사람의 외음부가 맞닿게 위치를 맞춘다. 그런 다음 위쪽에 있는 사람의 치구 주변이 아래쪽

그림 9. 트리바디즘 자세의 한 사례. 트리바디즘은 고대부터 널리 알려진 체위의 하나다. 여성끼리 섹스하는 사람을 '트리바드'라고 부르기도 했다.

사람의 클리토리스 부근을 자극할 수 있게 상하로 압력을 주면서 몸을 움직인다. 이렇게 하면 두 사람이 거의 동시에 쾌감을 느끼게 된다. 그렇지만 위쪽 사람이 어깨와 팔 힘으로 단단하게 버텨야 하고 허리도 제법 꺾이기 때문에 생각만큼 자세를 유지하기가 쉽지 않을 수 있다. 특히 위쪽 사람이 위에서 체중을 실으면 밑의 사람의 치구가 눌려 아플 수도 있다. 게다가 음모끼리 서로 엉켜서 따갑거나 마른 피부끼리 부비는 건조함만 느낄 수도 있다. 그러므로 이 자세는 옷을 벗자마자 바로 하면 안 된다. 어느 정도 전희가 진행돼 외음부가 웬만큼 젖어 있을 때 하는 편이 좋다.

둘째, 69 자세처럼 각자의 머리를 반대 방향이 되게 옆으로 누운 채 서로 다리를 벌리고 음순 부분이 만나도록 끼워 넣는 체위도 있다. 가위를 닮았다고 해서 가위 자세라고 부르기도 한다. 대음순과 소음순이 바로 만나는 자세라서 마찬가지로 큰 자극을 받는다. 허리와 엉덩이를 알맞게 흔들면 양쪽 음순이 서로 만나 눌리면서 성적 흥분을 느낀다. 이 체위도 묘한 매력이 있다.

셋째, 외음부와 외음부를 서로 맞대는 방법뿐 아니라 다른 신체 부위를 활용해 외음부에 대고 부비거나 압력을 줘 자극하는 방법도 있다. 클리토리스를 중심으로 상대의 외음부 전체를 자신의 팔꿈치, 무릎, 허벅지 등으로 지긋이 누르거나, 반복해서 압력을 가하거나, 부드럽게 비비거나 할 수 있다. 이 자세와 방법은 겉옷을 다 벗지 않은 상태나 속옷만 입은 상태에서도 충분히 즐길 수 있다.

그림 10. 욕실에서 샤워기 물줄기를 이용해 자위하는 모습. 클리토리스 자극이 매우 빠르게 되는 자위 방법이다. 그렇지만 수자원 보호를 위해 물을 아껴 쓰자는 당부도 덧붙이지 않을 수 없다. 또한 미끄러 지지 않게 늘 주의하기를 바란다.

누구나 하는 자위

자위는 멋진 말이다. 자기 자신을 위한다니 멋지지 않을 수가 없다. 자위는 또한 성병에 걸릴 가능성이 가장 낮은 안전한 섹스이고, 오르가슴에 도달할 가능성이 가장 높은 섹스다.

먼저 핸드폰은 끄자. 방문도 잠그자. 누가 갑자기 들어올까 신경쓰지 않아도 되는 시간대가 좋다. 장소는 침실이든 욕실이든 당신이 편한 곳이면 된다. 편안한 자세를 취하고 정신을 집중해 자신의 몸을 쓰다듬는다. 잔잔한 음악과 은은한 조명을 갖추거나, 오일이나 로션을 바르면서 마사지해도 좋다.

옷은 벗어도 좋고 입고 있어도 상관없다. 손으로 허리와 가슴 등을 부드럽게 어루만지며 몸의 긴장을 푼다. 기분이 좋아지면 손을 아래로 내려 허벅지 안쪽과 외음부 주변을 부드럽게 어루만진다. 처음에는 별 느낌이 없을 수 있지만 계속하면 점차 기분이 좋아진다.

자극을 주는 방법은 외음부를 눌러주기, 가볍게 집어 올리기, 문지르기 등이다. 민감하게 느껴지는 부분은 좀더 집중한다. 질 삽입을 원하면 손가락을 조금씩 밀어넣는다. 손가락을 천천히 움직이면서 느낄 수 있는 여러 감각을 음미해보라. 자기 손가락으로 하기 힘들거나 좀더 다양한 자극을 원하면 섹스토이를 이용할 수 있다. 자위를 돕기 위한 바이브레이터, 딜도, 우머나이저 등 여러 기능을 지닌 섹스토이들이 계속 개발되고 있다. 자위용 섹스토이는 'BOOK

2'의 1장 섹스토이 편을 참고하면 된다.

질 삽입과 클리토리스 자극을 번갈아가며 해도 괜찮다. 엄지손가락을 뺀 나머지 손가락의 끝으로 가볍게 클리토리스와 소음순을 두드리는 방법도 자극이 된다. 이런저런 자극이 계속되면 몸 전체로 쾌감이 퍼지면서 다리를 오므리고 싶어진다. 이때 포기하지 말고 계속 자극을 주면 쾌감이 절정에 이르게 된다.

또 다른 자위법으로 샤워를 할 때 샤워기를 클리토리스에 가까이 대고 물줄기로 자극하는 방법도 있다. 이 방법도 성공율이 높은 자위법인데, 자극 강도가 매우 높아서 오히려 오르가슴에 도달할 때까지 버티기가 힘들 정도다. 그래서 샤워를 하면서 자위를 할 때는 미끄러지지 않게 주의해야 한다. 오르가슴을 느끼는 순간에 몸의 균형을 잃을 수도 있다(다만 수자원 보호를 위해 너무 자주 사용하지는 말자).

자위는 안전한 섹스이지만, 손이 깨끗하지 않으면 방광염이나 질염에 감염될 수 있다. 자위를 할 때도 손과 삽입 도구의 청결에 늘 신경써야 한다. 다만 누구나 자위를 한다고 말한 이유는 자위에 관한 터부가 강하기 때문에 일부러 강조한 표현일 뿐이지 반드시 모두 자위를 해야만 한다는 의미는 아니다. 자위를 하는 데 큰 관심이 없거나 전혀 즐기지 않는 사람들도 있는데, 전혀 이상한 일이 아니다.

여성의 자위를 다룬 유명한 책으로 베티 도슨의 《네 방에 아마존을 키워라》가 있다.

족집게 과외
테크틱과 체위

체위와 테크닉을 둘러싼 환상이 있다. 섹스를 잘한다고 할 때 화려한 테크닉을 구사한다고 하거나, 얼마나 많은 체위를 해봤는지를 두고 자랑하기도 한다. 자기가 얼마나 많은 섹스를 했는지 자랑하는 책들이 서점에 나와 있다. 그렇지만 그렇게 긴 말은 필요 없다.

밑줄 쫙, 핵심은 각도

고대부터 쌓여온 온갖 테크닉과 체위의 핵심을 딱 한 단어로 요약하면 '각도'다. 체위의 변화란 결국 몸의 관절을 움직여 삽입 각도를 달리하는 것이다. 자세에 따라 근육이 긴장하는 정도가 달라지고 자극하는 부위가 달라지기 때문에 다른 분위기를 낼 수 있다.

좀더 들어가면 두 가지 각도가 중요하다. 첫째, 질 삽입 섹스 때의 삽입 각도다. 삽입 각도의 차이는 자극의 차이를 만들어낸다. 둘째, 상대의 몸과 얼굴을 바라보는 각도다. 시선 각도에 따라 심리적 긴장감의 양상이 달라진다.

그래서 사람마다 좋아하는 체위가 다르다. 가장 많은 체위를 구사하는 사람이 가장 훌륭한 상대는 아니다. 두 사람이 즐겁게 섹스를 공유할 수 있으면 된다. 그저 한번 색다른 경험을 해보자는 모험심으로 두 사람이 함께 새로운 시도를 할 때 참고하기를 바란다.

수백 가지 체위 요약정리

체위를 둘러싼 환상도 대단하다. 체위의 종류에는 수십 수백 가지가 있다는 말도 자주 듣는다. 얼마나 많은 체위를 구사할 수 있는지가 성적 능력의 척도인 양 이야기하는 사람도 많다. 체위를 다룬 그림, 사진, 소설은 넘친다. 그렇지만 굳이 이런 지식이 없어도 호기심과 창의성만 갖추면 스스로 체위를 개발할 수 있다.

여기서는 체위에 이름을 붙여서 하나하나 설명하는 대신, 체위의 원리를 파악한 뒤 각자 자신에게 맞는 다양한 체위를 상상하고 시도할 수 있게 핵심을 추려 설명할 생각이다. 혼자만 읽은 뒤 상대를 두고 실험하려 하지 말고, 되도록 함께 읽기를 바란다. 어떤 방식으로 할 수 있을지 서로 즐겁게 상상하고, 대화하고, 합의한 뒤, 많이 시도하고 여러 가지를 경험하기를 바란다.

어디를 바라보는지에 따라

서로 얼굴을 마주볼지, 상대의 엉덩이를 바로 볼지, 아래에서 위로 바라볼지에 따라 체위가 만들어진다. 어디를 바라보는지에 따라 긴 장감이 달라지고, 흥분의 정도도 달라진다. 상대의 얼굴을 보지 못 하게 되면 두 사람 모두 불안과 긴장이 높아지게 되니, 처음 시작할 때는 마주보는 자세로 시작하고 체위를 바꾸고 싶을 때는 어디를 어떤 방향에서 볼지 생각해서 이런저런 시도를 해보면 된다.

이를테면 후배위는 삽입하는 쪽이 상대의 뒤쪽에서 엉덩이와 등 을 바라보는 위치에 있기 때문에 붙은 이름이다. 그래서 후배위 안 에서도 다시 두 사람이 모두 앉은 자세, 선 자세, 엎드려 누운 자세, 무릎 굽혀 엎드린 자세, 탁자나 침대의 모서리를 잡고 허리만 굽힌 자세 등으로 응용할 수 있다. 어떤 자세든 후배위는 삽입이 깊게 된 다는 점, 피스톤 운동을 하기가 쉽다는 점, 손을 쓰기가 자유롭다는 점 등 확실한 장점이 있다. 이 세 가지 장점은 주로 딜도 섹스를 할 때 해당되고, 핑거 섹스를 할 때는 여러 방향으로 질벽을 자극할 수 있다는 장점도 추가된다. 후배위일 때 손가락의 삽입 방향과 각도 등을 조절하기가 더 쉽기 때문이다.

삽입이 깊다는 말은 질 안에 닿는 압박 지점을 질의 안쪽 위 벽 (방광과 자궁경부 사이 쪽)이 되게 하거나, 질의 안쪽 아래 벽(직장

그림 11. 다양하게 응용할 수 있는 여러 체위. 대표적인 몇 가지 체위를 간단하게 그린 그림들이다. 그림을 참고하면서 본문을 이해하는 데 도움이 된다.

쪽), 자궁경부와 그 주변에 직접 닿을 수 있다는 의미다. 그래서 자궁경부 쪽의 질벽이나 자궁벽 자극을 좋아하는 사람은 후배위를 선호한다. 또한 삽입 각도는 흡입하는 쪽이 주도적으로 조절할 수도 있다는 점을 기억해야 한다. 상반신을 얼마나 숙이는지, 몸을 비트는지, 무릎을 굽히는지 등 여러 변화에 따라 달라질 수 있는 만큼 자신이 가장 좋아하는 각도를 찾아보는 것도 좋다.

또한 뒤쪽에서 손가락이나 딜도 등을 삽입하는 것 자체가 유명한 성감대의 하나인 회음부 자극을 동시에 할 수 있다는 뜻이기도 하다. 또한 삽입하는 쪽의 손이 자유롭기 때문에 엉덩이 꽉 쥐기나 살짝 때리기, 가슴이나 등을 애무하기 등을 삽입하면서 동시에 할 수 있다는 점도 응용 포인트다.

이 밖에 어디를 바라보는지에 따라 다르다는 점을 생각하면, 핑거 섹스를 할 때 삽입하는 쪽이 상대에게 등을 보이는 자세도 가능하다는 사실을 깨닫게 된다. 이때 삽입하는 쪽은 팔을 뒤로 뻗는 형태가 돼 피스톤 운동을 하는 데 팔과 손목에 상당한 힘이 들어가기는 하지만, 흡입하는 쪽은 손을 뻗어 상대의 등이나 엉덩이나 허벅지를 쓰다듬거나 꽉 쥐는 등 적극적인 애무를 할 수 있다. 또한 삽입하는 쪽은 상대의 발과 발목, 무릎 같은 성감대를 애무하는 데 좋은 자세가 된다(일반적인 핑거 섹스 자세에서는 삽입을 하는 쪽이 흡입하는 쪽의 하반신 쪽으로 내려가 있는 탓에 삽입을 받으면서 팔로 상대를 껴안거나 손으로 스킨십을 할 수 없어 허전함을 느끼게 되는 단점이 있다. 이 단점을 보완할 수 있는 자세다).

서는지 앉는지에 따라

선 자세일 때는 벽에 기대면 좋다. 서서 하는 체위는 자칫 균형을 잃고 넘어질 수도 있기 때문이다. 무리하게 힘자랑을 하려다가 다칠 수도 있다. 삽입을 받는 쪽이 선 자세는 딜도 섹스와 핑거 섹스가 모두 가능하지만, 두 사람 사이의 키 차이에 영향을 받지 않아 더 자유로운 쪽은 핑거 섹스다. 한쪽이 양 다리를 약간 벌리고 선다. 상대는 설 수도 있고 무릎을 굽혀 앉을 수도 있다. 응용 자세로 의자나 침대에 한쪽 다리를 올리는 자세, 옆으로 다리를 펴서 들어올린 자세 등이 가능하다.

앉은 자세에서는 의자나 침대의 모서리에 걸쳐 앉거나 바닥에 다리를 펴거나 굽힌 채로 앉는다. 바닥이라면 상대도 마주보고 똑같이 앉고, 의자에 앉은 상태라면 상대의 허벅지 위에 앉아서 삽입을 시도하거나 서로 클리토리스 자극을 할 수도 있다. 또한 의자나 침대 모서리에 앉은 상대의 앞쪽에 무릎을 꿇고 앉은 자세에서 하는 오럴 섹스도 좋다.

앉아서 하는 체위로 좀더 모험적인 자세는 삽입하는 쪽이 눕고 흡입하는 쪽이 위에서 아래로 앉으며 삽입하는 방식이다(이성 간 섹스에서는 흔히 여성 상위 체위라고 하지만, 동성애자 커뮤니티에서는 선녀 하강 체위라는 은어를 쓰기도 한다). 다른 체위에 견줘 삽입

받는 사람이 삽입 시기, 강도, 각도, 속도 등을 모두 조절할 수 있다.

다만 손가락이나 딜도를 사용하면서 이 체위를 실행하기가 생각만큼 쉽지 않을 수 있다. 서로 리듬에 맞춰 몸을 움직이는 호흡이 잘 맞아야 하고, 순간적으로 몸의 균형을 잃거나 털썩 주저앉는 일이 없게 주의해야 한다. 체중이 한꺼번에 실리면 손가락이 꺾일 수도 있다. 벽이든 무엇이든 잡고 하는 것이 좋다.

핑거 섹스를 할 때 누워 있는 쪽은 삽입하는 손이 흔들리지 않도록 팔과 손목부터 단단히 힘을 주고 상대의 움직임에 맞춰 같이 리드미컬하게 움직여야 한다. 그런데 힘을 주라는 말은 손의 위치가 이리저리 흔들리지 않게 하라는 것이지 손가락 끝에 단단하게 힘을 주라는 뜻은 아니다. 손가락에 힘을 너무 주면 질벽에 부딪치는 힘이 강해서 상대가 통증을 느낄 수 있다.

다리를 어떻게 하느냐에 따라

다리 위치에 따라 체위를 나누기도 한다. 이를테면 누운 상태에서 다리를 들어 상대의 어깨 위에 놓는 자세를 할 수도 있다. 이때 상대는 무릎을 꿇거나 다리를 넓게 벌려 앉은 자세를 취할 수 있다. 누운 쪽의 엉덩이 밑에 베개를 받치면 삽입하기 좋은 각도가 된다. 한쪽 팔로 누운 쪽의 허리를 받쳐줄 수도 있다.

다리를 가슴에 붙이는 식으로 응용해도 된다. 누워 있는 쪽이 무릎을 굽혀 가슴께로 바짝 붙여 올린다. 상대는 가슴으로 다리를 누르면서 팔을 아래로 내려 애무하거나 삽입한다. 성감대인 허벅지 안쪽과 엉덩이, 회음부를 애무할 수 있다. 이 자세로 오럴 섹스도 가능하다. 이 밖에 한쪽 무릎만 올리는 자세, 가슴까지 올리지 않고 발을 바닥에 붙인 채 무릎만 구부려 벌린 자세 등이 있다.

어떻게 눕는지에 따라

눕는다고 하면 흔히 천장을 바라보고 똑바로 누운 자세를 떠올리지만, 옆으로 누워서 몸을 밀착하는 자세는 그것 자체로 만족도가 높다. 상대가 포근하게 껴안은 상태를 유지할 수 있어서 심리적 안정감이 높다. 옆으로 누워서 후배위를 할 수 있다.

보통 말하는 '69 자세'는 서로 머리를 반대 방향으로 하고 눕는 체위다. 69 자세에서는 서로 상대의 성기를 동시에 입과 혀로 애무한다. 이 자세로 동시에 오르가슴을 느낄 수 있다. 그렇지만 상당히 집중해야 한다. 두 사람이 서로 아래위로 겹쳐서 자세를 취할 때는 아래쪽 사람은 고개를 들어야 하기 때문에 목이 아플 수 있다. 베개를 받치는 방법도 있지만, 이번에는 각도를 맞추기가 어렵다. 그래서 두 사람이 몸을 옆으로 하고 누워서 하는 방법도 좋다. 허벅지를 베개 삼아 누워서 편하게 할 수도 있는데, 다만 흥분하면 자기도 모르게 다리에 힘을 주고 오므려서 자칫 상대의 얼굴이나 목을 조를 수 있다는 점을 주의해야 한다.

오럴 섹스만 동시에 할 수 있는 것은 아니다. 핑거 섹스를 통한 삽입도 동시에 할 수 있다. 그렇지만 쉽지는 않은 만큼 동시 삽입에 집착하지는 말자. 먼저 한 사람은 다리를 굽히거나 뻗은 채 눕고 다른 한 사람은 머리를 반대 방향으로 해 상대의 몸 위에 같은 자세로 엎드린다. 좀더 쉽게 하려면 상대의 엉덩이 밑에 베개 등을 받쳐 들어올린다. 당신은 무릎과 한쪽 손바닥을 바닥에 댄 엎드린 자세를 유지할 수도 있지만, 자기 몸무게도 한 팔로 다 지탱해야 하기 때문에 오래 버티기는 힘들다. 그래서 몸을 밀착시키는 자세로 바꾸거나, (동시 삽입을 포기하고) 한쪽이 상대의 허리를 꼭 감싸 안는 변화를 줄 수 있다.

이런저런 테크닉

여러 체위를 연속으로

처음에 한 번 삽입한 상태를 유지하면서 여러 체위를 번갈아 시도하는 방식을 말한다. 두 사람의 호흡이 척척 들어맞아야 한다. 체위 변경 순서가 정해지지는 않은 만큼 실전은 당신의 상상력에 맡기겠다.

흡입하는 쪽이라면 먼저 반듯하게 누운 자세를 취하다가, 몸을 천천히 비틀어서 옆으로 누운 자세로 바꾸고, 뒤이어 계속 몸을 돌려 뒤로 돌아눕는 자세로 바꾼다. 조금 뒤 두 팔로 상체를 서서히 일으키면서 네 발로 엎드린 자세를 취한다. 이어서 벽을 잡고 상반신을 완전히 세운 자세로 바꾼다. 그다음 천천히 무릎을 올리다가 천천히 하반신도 일으켜 완전히 선 자세로 바꿀 수 있다.

연속적인 체위 변경이 불가능하지는 않기 때문에 설명하기는 하지만, 이렇게 할 수 있다고 해서 섹스 능력이 뛰어난 사람이라고 오해하지는 않기를 바란다. 삽입체가 손가락이든 딜도든 처음 한 번 삽입한 뒤에 절대 빼지 않고 하는 것이 섹스의 목표가 될 필요는 없기 때문이다. 포르노 등에 나오는 모습은 현실적으로는 맞지 않는 사례가 더 많다. 몇 분 사이에 체위를 계속 바꾸는 이유는 한 자세만 유지하려고 애쓸 필요가 없기 때문이지, 자세를 자주 바꾸는 방식이 더 뛰어난 섹스라는 뜻은 아니다.

수중에서 삽입하기

샤워를 함께하면서 입과 혀와 손으로 온몸을 어루만지고 쓰다듬어 준다. 떨어지는 물의 감촉과 몸을 타고 흐르는 물방울이 감도를 높여준다. 클리토리스를 애무하더라도 물이 완충제 구실을 해서 평소보다 조금 더 강하게 빨아도 아프지 않다. 손가락이나 딜도를 삽입할 수도 있다(그렇지만 샤워를 하면서 너무 오래하지는 말자. 물을 아껴 쓰는 일도 중요하니까).

샤워하면서 하는 애무는 좋은 전희다. 다만 미끄러져 다치지 않게 늘 조심해야 한다. 두 사람 다 물이 가득 담긴 욕조로 들어가도 좋다. 물속에서 삽입을 하면 색다른 느낌이 난다.

질 삽입과 애널 섹스를 동시에

상대가 애널 섹스를 하며 쾌감을 느낄 때만 활용할 수 있다. 손가락 몇 개는 질에 넣고 엄지손가락은 항문에 넣거나, 또는 반대로 한다. 이 방법을 쓸 때는 질과 항문을 애무한 손가락이 바뀌지 않게 신경 써야 한다. 삽입 방식을 바꾸고 싶을 때는 반드시 손을 잘 씻고 다음 체위로 넘어가야 한다. 오럴 섹스도 동시에 할 수 있지만 쉽지는 않다. 거듭 강조하지만 섹스를 할 때 절대 무리하거나 괜한 승부욕을 발동하지는 마시기를. 즐겁고 건강하고 안전한 섹스가 가장 좋은 섹스다.

혀와 손가락을 동시에

성적으로 흥분될 때 질 속에 뭔가가 들어와 있는 상태를 좋아하는 여성이 많다. 오럴 섹스를 하면서 성기에 손가락 한두 개를 집어넣을 수 있다. 손가락을 움직이지 않아도 클리토리스가 자극받아 질 입구의 근육이 긴장하면서 손가락을 꽉 죄어온다. 이럴 때 부드럽게 리듬을 타면서 삽입한 손을 흔들어주거나 피스톤 운동을 하면 쾌감을 더 고조시킬 수 있다.

역할 변경

삽입 섹스든 오럴 섹스든, 그 무엇이든 섹스 포지션에서 한 가지 역할만 고집하는 사람이 있다. 물론 이런 태도가 나쁜 것은 아니다. 우리는 모두 더 선호하고, 더 잘하고, 더 편안하고, 더 자연스럽게 느끼는 역할이 있기 마련이다. 그러므로 삽입하는 것만 좋아한다거나 삽입받는 것만 좋아한다고 해서 잘못은 아니다. 다만 내가 정말 원하는 것이 무엇인지 최종 결정을 하기 전에 처음에는 좀 낯설고 그다지 좋은 느낌이 들지 않더라도 여러 차례 바꾸면서 이런저런 시도를 하는 시간도 필요하다는 말을 덧붙인다.

자신이 좋아하는 체위나 성감대는 나이가 들어가고 살아가면서 계속 바뀐다. 그러므로 예전에 한 번 삽입을 받아보니 안 좋았다든지 삽입은 내 체질이 아니라고 선을 긋기보다는 가끔씩이라도 다른 체위나 역할을 해보는 것이 좋다. 그래야 어떻게 어루만지고 어떤 식으로 삽입할 때 어떤 느낌을 받는지를 알게 되고, 그렇게 되면 주로 삽입을 하는 쪽이라고 해도 삽입을 받는 사람의 상황과 요구를 좀더 정확히 이해할 수 있기 때문이다.

주고받는
도움 속에
꽃피는 즐거움

섹스토이

콘돔은 인류가 개발한 뛰어난 발명품의 하나다. 그러므로 텔레비전이나 자동차처럼 콘돔도 쓸모 있게 써야 한다.

인류의 가장 뛰어난 발명품, 콘돔

16세기에 발명된 초기 콘돔은 양의 창자로 만들었지만, 지금은 질긴 라텍스 고무로 만든다. 요즘에는 감촉을 더 좋게 하는 '초박형 콘돔'이 나오고, 라텍스에 알레르기가 있는 사람들이 쓸 폴리우레탄 콘돔도 개발돼 있다.

겉에 윤활유를 바른 콘돔은 흔하지만, 이 밖에 갖가지 향기가 나는 콘돔, 오럴 섹스용 과일 맛 콘돔, 빨갛고 파란 칼라 콘돔, 시각적 효과를 고려한 동물 모양 콘돔, 감각을 증대시키기 위한 돌기형 콘돔 등 종류가 많다. 콘돔은 편의점, 대형 마트, 인터넷 성인용품 사이트 등에서도 쉽게 구할 수 있다.

콘돔 이용법은 간단하다. 삽입하기 전에 콘돔을 손가락이나 딜도에 씌우면 된다(포장을 뜯으면 콘돔은 동그랗게 말려 있다. 포장을 뜯을 때는 입을 사용하지 말고 손으로 찢어야 한다. 콘돔 앞쪽의 조그만 돌출 주머니는 사정한 정액을 모아두는 곳이다). 콘돔을 손가락이나 딜도 끝에 살짝 끼운 뒤 말린 부분을 천천히 풀면서 내려오면 된다. 빨리 하려고 손가락으로 잡아당기면 찢어질 수 있으니 조심하라. 콘돔은 일회용이다. 한 번 삽입하면 버리고 반드시 새것으로 갈아야 한다.

콘돔은 침실에서 손을 뻗으면 닿을 만한 곳에 몇 개를 준비해두면 좋다. 늘 가지고 다녀도 된다. 콘돔이 손가락에서 잘 벗겨져 불편하면 의료용 고무장갑을 쓸 수도 있다. 의료 기구를 파는 곳이나 인터넷 쇼핑몰에서 쉽게 살 수 있다. 다만 삽입한 뒤 장갑을 낀 채로 눈이나 입, 자신의 질을 만지지 않게 주의해야 한다. 장갑을 끼더라도 질의 열기는 물론 질액으로 손가락이 젖는 과정을 모두 느낄 수 있다.

요즘에는 여러 종류의 손가락 콘돔이 많이 나와 있다. 일반형 콘돔이 페니스용으로 나온 반면, 손가락 콘돔은 말 그대로 한 개 또는 두 개의 손가락에 끼워서 쓸 수 있게 만들었다. 의료용 장갑에서 손가락 부분만 잘라놓은 모양으로 크기를 줄인 콘돔처럼 생긴 제품뿐 아니라 여러 모양의 돌기가 달린 형태까지 종류가 무척 다양하다.

침보다 윤활제(젤)

젤은 러브 젤이라고 부르기도 한다. 삽입 섹스 때 삽입을 쉽게 하려고 손가락이나 질 입구에 바른다. 향기 나는 젤, 바른 뒤 입김을 불면 쾌감을 느끼게 하는 젤, 바르면 조여드는 느낌을 주는 젤 등 여러 기능을 더한 젤이나 액도 있다. 그렇지만 특별한 기능을 원하지 않으면 약국이나 의료기 상사에서 파는 '의료용 젤'을 이용해도 된다.

자연스런 섹스에 인공물이 끼어든다면서 젤을 쓰기 싫어하는 사람도 있다. 그렇지만 여성에 따라 흥분을 느껴도 질 분비액이 충분히 나오지 않는 사례도 있다. 선천적으로 양이 적을 수도 있고, 몸의 컨디션에 따라, 그리고 나이가 들어갈수록 분비액은 줄어든다. 분비액이 적은 사람에게는 젤이 주는 도움이 즐거운 성생활을 유지하는 열쇠가 된다. 삽입 섹스 때 통증을 느끼거나 충분히 즐길 수 없다는 생각이 들면 주저하지 말고 젤을 쓰기를 바란다.

전희 단계에서 마사지를 할 때는 코코넛 오일 등 지방성 오일을 쓸 수 있다. 그렇지만 삽입할 때 도움을 주는 윤활제는 수용성 오일이 좋다. 수용성 오일은 콘돔에도 좋고, 생식기 안으로 들어갔을 때도 신체에 거의 자극을 주지 않으며 옷이나 침대보, 몸에 묻어도 잘 닦인다.

가짜 같은 진짜, 딜도

딜도의 종류와 기능은 매우 다양하다. 시장 자체가 개방되고 규모
도 커지면서 새로운 아이디어 상품이 계속 개발돼 나온다. 손에 쥐
고 하는 수동형 딜도와 허리에 차는 벨트형 딜도뿐 아니라, 스스로
움직이는 전동형 딜도도 앞뒤로 움직이는 피스톤 운동 기능, 빙빙
도는 회전 기능, 진동 기능에 더해 삽입을 하면서 곧바로 클리토리
스도 자극할 수 있는 복합 기능을 갖춘 제품까지 종류와 기능이 매
우 다양하다.

　또한 모양과 색깔, 크기도 다양한 만큼 자신에 맞는 것을 골라
쓸 수 있다. 페니스 모양이 아닌 딜도를 원하는 이들을 위해 가지,
오이, 옥수수뿐 아니라 아스파라거스 등 채소 모양을 살린 딜도도
있다. 재질에 따라서는 크리스털로 만든 딜도도 있다. 크리스털 딜
도는 따뜻한 물에 미리 넣어뒀다가 꺼내어 쓰면 체온하고 비슷한
상태가 돼 흡입하는 쪽이 더 편안해진다. 자위를 할 수 있게 벽이나
바닥에 붙여놓고 쓰는 흡착식 딜도도 있다. 양쪽 딜도 또는 더블 딜
도도 있는데, 두 사람이 서로 마주보고 동시에 삽입하는 형태다.

　애널형 딜도도 여러 가지가 있다. 버트 플러그가 가장 기본적으
로 쓰이는데, 애널 마개라고 생각하면 이해하기 쉽다. 항문에 삽입
해두는 용도이고, 움직이지 않는다. 대중소 등 여러 가지 크기가 있
다. 작은 것부터 시작해서 큰 것으로 바꾸면서 자연스럽게 애널 섹

그림 12. 여러 가지 모양의 딜도. 섹스토이 숍에서 살 수 있는 딜도는 종류가 매우 많다.

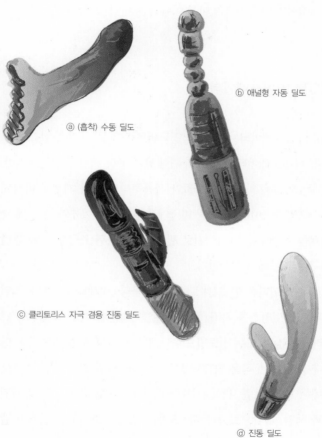

ⓐ (흡착) 수동 딜도

ⓑ 애널형 자동 딜도

ⓒ 클리토리스 자극 겸용 진동 딜도

ⓓ 진동 딜도

스가 주는 긴장감을 낮출 수 있다. 요즘에는 버트 플러그에 작은 바이브레이터를 넣을 수 있는 제품도 나온다.

버트 플러그말고도 애널 삽입에 맞춰 개발된 딜도들도 있다. 애널 섹스는 하고 싶지만 위생 문제를 믿지 못하거나 상처 등이 남을까봐 걱정되면 이런 섹스토이를 이용하는 편이 낫다.

덜덜덜덜 바이브레이터

최초의 바이브레이터는 1883년 영국의 어느 의사가 만들었다고 전해진다. 바이브레이터의 시초에 관해서는 아직 의견이 분분하지만, 처음에는 의료용 기구로 의사들만 사용하다가 점차 가정용 마사지기로 바뀌었다. 1910년대까지 미국에서는 여성의 어깨와 목 등에 쌓인 피로를 풀어주는 마사지기로 팔리다가, 그 뒤 조금씩 성에 관련된 도구로 홍보되기 시작한다.

바이브레이터란 말 그대로 진동 기구다. 미세하지만 연속적인 떨림은 클리토리스를 자극하는 데 알맞다. 손에 쥐고 외음부와 클리토리스에 갖다 대는 정도만으로도 많은 여성에게 큰 만족감을 안겨줬다. 처음에는 작은 막대기 모양과 둥근 달걀 모양이 많았지만, 요즘에는 언뜻 보면 바이브레이터인지 알 수 없을 정도로 갖가지 모양과 색깔, 질감으로 만든다. 진동의 세기를 조절하는 단계가 잘

게 나뉘어 있을수록 비싸다.

진동 딜도는 진동 기능과 삽입 기능을 합쳐놓았다. 질 삽입형과 항문 삽입형이 있고, 삽입 기능이 더해지면서 크기도 8~9센티미터 정도부터 20센티미터까지 다양하다.

여성 자위 기구로 많이 알려져 있지만, 당연히 혼자서 할 때만 사용해야 하는 기구는 아니다. 두 사람이 바이브레이터를 활용해 함께 즐길 수도 있다. 바이브레이터를 페어리라고 부르기도 하는데, 페어리는 브랜드명이다. 한국에서 승합차를 '봉고'라는 브랜드명으로 부르는 상황하고 비슷하다.

섹스토이의 혁신, 우머나이저

우머나이저Womanizer는 클리토리스 자극에 최적화됐다. 오르가슴에 도달하는 데 3분이 채 걸리지 않는 특징으로 유명하다. 비법의 핵심은 흡입에 있다. 예전에는 진동으로 클리토리스에 자극을 가한 반면에 우머나이저는 흡입, 곧 빨아들이는 기능이 있다. 흡입을 한다는 말은 오럴 섹스하고 비슷하다는 의미다. 진동이 손가락의 기능이라면 흡입은 입의 기능인데, 이 두 가지 기능을 동시에 하는 섹스토이라고 생각하면 된다.

섹스 토이의 혁신이라고 하는 광고 문구는 과장은 아니다. 이런

그림 13. 여러 가지 모양의 우머나이저. 우머나이저는 대개 수입품으로, 종류가 많다. 디자인이 깔끔하고 예쁠수록, 진동과 흡입의 단계에 따라 가격대가 높아진다.

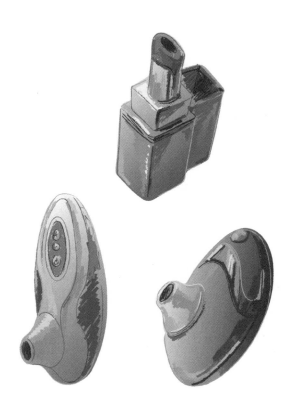

전설을 듣고는 잔뜩 기대를 한 상태에서 우머나이저를 샀는데, 자기한테는 그런 기적이 일어나지 않았다는 후기도 종종 보인다. 이런 때는 보통 두 가지 이유가 있다. 첫째, 삽입 섹스를 더 선호하는 사람들에게는 지나치게 강력한 클리토리스 자극은 오히려 거부감을 준다. 둘째, 우머나이저를 제대로 사용하지 못한 탓일 가능성이 높다. 우머나이저의 앞부분에 클리토리스를 넣어야 하는데, 위치를 정확하게 못 잡고 클리토리스 주변에 갖다 대면 효과가 반감된다. 그러므로 처음 한두 번 실패했다고 해서 쉽게 포기하지 말고 정확한 사용법을 익히도록 연습하면 된다. 클리토리스 위치를 잘 모른 채 그 주변에 우머나이저를 갖다 대기만 하면 좀더 시간이 걸릴 수 있다.

우머나이저는 2014년 독일에서 첫 제품이 나왔다. 처음에는 해외 직구로 사다가 지금은 국내 섹스토이 숍에서도 여러 제품을 쉽게 살 수 있다. 수십만 원에 이르는 것부터 값싼 보급형까지 다양하다.

어떻게 사고 어떻게 쓸까

섹스토이는 매우 쉽게 살 수 있다. 구체적인 쇼핑몰 이름을 모르더라도 그냥 '성인용품'이라고 검색하면 쇼핑몰 목록이 뜬다. 생생한 사용 후기와 관리법, 브랜드별 소개도 유튜브에 이미 많이 올라와 있다. 그래서 굳이 이 책에서 하나하나 소개할 필요가 없다. 최신 제품 정보는 책보다 유튜브가 더 빠를 수밖에 없기 때문이다.

　다만 몇 가지 주의 사항을 정리해보자. 먼저 섹스토이는 종류가 아주 많기 때문에 어느 것이 내게 어울리는지 찾는 과정이 필요하다. 어떤 사람은 진동을 싫어하기도 하고, 섹스토이의 차가운 질감을 싫어하기도 한다. 남들이 좋다고 해서 샀는데 한 번 써보고 구석에 처박아 두는 사람도 많다. 그러니 딜도, 바이브레이터, 손가락 콘돔, 우머나이저 등을 처음 살 때는 싼 가격대 제품부터 골라라. 어떤 질감과 어떤 움직임(진동과 회전의 세기와 방식 등)이 내게 맞는지를 탐색한 뒤에 잘 맞는 제품을 찾으면 좀더 가격대를 높여 좋은 제품을 사면 된다. 섹스토이들이 다 비슷해 보여도 자기에게 맞는 사이즈는 따로 있다. 자기에게 딱 맞는 사이즈를 찾으려고 노력해야 한다.

　가격대도 중요하다. 보통 4단계와 12단계 등 진동 단계로 구분되는 기능의 차이, 방수 기능의 유무, 건전지형이냐에 충전형이냐에 따라 차이가 난다.

　다양한 섹스토이를 써본 분을 인터뷰하면서 초보자에게 해줄 조언이 있느냐고 묻자 두 가지를 꼽았다. 첫째, 바이브레이터 등 진동 기능이 있는 제품을 살 때는 충전형을 골라라. 진동의 세기가 일정하게 유지되기 때문이다. 건전지는 계속 교체해야 하는데다가 한창 사용하는 도중에 세기가 점점 약해질 수 있다. 둘째, 섹스토이의 청결을 유지하는 일도 중요하니 반드시 방수 기능이 있는지를 확인하고 사라. 세척하기도 쉽고, 샤워하면서도 사용할 수 있기 때문이다.

전희와 후희

일반적으로 '전희^{foreplay}'는 '삽입 섹스를 하기 전의 애무'를 뜻한다. 여기에서는 지금 사귀고 있는 연인들에게 좀더 중점을 뒀다. 이제 막 사귀기 시작한 연인이거나 서로 약속한 뒤 일회성 섹스를 나누는 커플보다는 사귄 지 오래된 연인들일수록 전희와 후희의 중요성을 잊어버리는 사례가 더 많기 때문이다. 이런 상황에 있는 이들에게 도움이 되기를 바란다.

전희라고 하면 흔히 옷을 벗고 누워서 몸을 만지는 일부터 떠올린다. 그렇지만 정말 멋진 전희는 옷을 벗기 전부터 시작된다. 사실 사랑을 나누고 싶다고 느낀 그 순간부터 전희는 시작될 수 있다. 상대를 그리워하고, 상대를 위해 무엇인가를 준비하고, 사랑의 말을 건네는 행동부터 하나의 전희인 셈이다.

정말 중요한 전희

전희의 개념이 이렇게 넓어지면 할 일이 너무 많아진다고 푸념할 수 있다. 어떻게 삶의 모든 것을 섹스에 연관시킬 수 있냐고 반문할지도 모르겠다. 그렇지만 일단 해보자. 생각보다 부담스럽지는 않다. 오히려 전희하는 시간이 즐거워진다. 그리고 섹스를 하지 않는 시간도 즐거워질 수 있다.

전희만으로 오르가슴을 느낀다는 이들도 많다. 삽입 섹스를 할 때보다 섹스 전 단계의 애무라든지, 또는 섹스를 한다는 기대감 자체가 훨씬 더 행복하다는 사람도 있다. 이런 말은 거짓이나 내숭이 아니다. 상대가 나만큼 삽입 섹스를 좋아하지 않는다고 섭섭해할 필요는 없다. 자신이 좋아하는 섹스를 하려면 상대가 좋아하는 것도 해줘야 한다.

고전적이지만 늘 성공하는 몇 가지 방법

싸우거나 기분이 안 좋은데 섹스가 잘될 리 없다. 몸이 피곤하고 걱정거리가 있어도 흥이 나지 않는다. 술에 취해도 마찬가지다(설사 겉보기에는 괜찮더라도 말이다). 멋진 섹스를 하려면 당연히 낭만적이고 짜릿하며, 편안하고 즐거운 분위기부터 갖춰야 한다. 함께 웃으며 즐거운 기분을 유지하는 것도 중요하다.

전희의 하나로 꽃이나 초콜릿을 선물하는 방법이 고전적인데,

사람마다 좋아하는 선물이 다르니 상대의 취향을 고려하자. 비싸거나 귀한 선물보다는 받을 때 기분이 좋아지는 선물을 찾아보자. 다만 '선물'이 섹스를 하고 싶어 던지는 미끼가 되면 안 된다. 당신의 사랑을 전하는 방법의 하나로 선물을 줄 뿐이지 심리적 부담을 안기는 조건이 되면 안 된다.

전희의 하나로 마사지를 하는 방법도 있다. 마사지는 일석이조다. 하루 동안 쌓인 피곤을 풀어주면서 잠든 성감을 깨울 수도 있다. 어깨에서 시작해 등으로 내려와 엉덩이를 지나 다리까지 주무른다. 막 샤워를 한 뒤라면 오일 마사지를 할 수도 있다. 마사지는 정신과 신체의 긴장을 풀면서도 몸을 좀더 관능적으로 만들 수 있다.

같은 옷이라도 어떻게 벗느냐에 따라 분위기가 완전히 달라진다. 막 사귀기 시작한 커플이라면 고전적인 방법을 써볼 수 있다. 가위바위보를 해서 진 사람이 하나씩 벗기, 손을 쓰지 않고 입으로 당겨서 벗기, 한 사람씩 차례로 하나씩 벗는 모습을 보여주기 등이다. 여기서 다 말할 수는 없다. 상상력을 발휘하면 옷 벗는 순간도 즐거운 시간이 될 수 있다는 점만 짚고 넘어가자.

가장 환상적인 전희는 바로 함께하는 목욕이다. 서로 부드럽게 비누를 칠해주고 씻겨주면서 흥분을 느낄 수 있다. 물이 떨어지는 샤워기 아래에 서서 혀로 온몸을 핥아보라. 물 덕분에 클리토리스를 한결 부드럽게 어루만질 수 있다. 샤워기를 조금 세게 틀어 외음부쪽에 갖다 댄 뒤 당신은 가슴을 애무해도 좋다. 욕실은 침실 다음으로 좋은 섹스 장소이기도 하다. 다만 미끄러운 바닥에 넘어지지 않게 늘 주의해야 한다.

샤워하면서 상대의 성기를 씻어주는 것도 아주 좋은 전희다. 특히 음부는 위치상 스스로 꼼꼼하게 씻기 어렵다. 서로 씻어주면서 흥분을 만끽할 수도 있고, 상대의 성기가 깨끗하다는 사실을 직접 확인한 만큼 오럴 섹스도 더욱 즐겁게 할 수 있다.

기회를 놓치면 후회하는 후희

후희란 아름다운 마무리라는 말은 결코 과장이 아니다. 전희가 파티장의 문을 활짝 여는 것이라면 후희는 흥겨운 파티의 여운을 오랫동안 간직하는 것이다. 여운이 길면 행복도 그만큼 길어진다.

후희는 전희보다 간단하다. 후희는 섹스가 끝난 뒤에 그대로 그 자리에 머무는 것으로도 충분할 때가 있다. 깊은 포옹과 부드러운 키스를 나누며 이불 속에 함께 알몸으로 누워 있으면 된다. 삽입을 번갈아가며 하는 커플에게는 후희를 굳이 설명할 필요도 없다. 오르가슴을 느낀 뒤 몸이 무엇을 원하는지를 잘 알기 때문이다. 문제는 주로 삽입을 하기만 하는 쪽이다. 절정에 올랐다가 내려오는 20여 분 동안 상대에게 무엇이 필요한지 간과하기 쉽다. 여성의 오르가슴은 최고점에 이른 뒤에도 한참 동안 몸안에 그 순간의 흥분과 전율이 여운으로 남는다. 그래서 몸을 이리저리 움직이기보다는 상대를 안거나 안긴 채로 가만히 있기를 바란다. 섹스의 극적인 흥분보다 후희의 따뜻한 포옹을 더 좋아하는 사람도 있다. 두 사람이 하나가 된 느낌을 받는 순간이기 때문이다.

그런데 섹스를 마치면 벌떡 일어나 옷부터 챙겨 입는 사람이 있다. 이런 행동은 상대에게 조금 전의 섹스가 별로 좋지 않았다는 인상을 준다. 춥거나 해서 빨리 옷을 입어야 하는 상황이 아니라면 너무 서둘러 옷을 입는 행동은 후희를 생략하는 결과가 된다.

또한 절정에 오른 뒤 섹스가 끝났다고 생각해서 삽입한 손가락이나 딜도를 바로 빼버리는 사람도 있다. 긴장한 질의 근육이 원상태로 돌아가는 데 걸리는 시간은 15분 정도다. 갑자기 손가락이 빠져버리면 평소보다 더 넓고 따뜻해진 질의 안쪽은 허전함으로 채워진다. 오르가슴에 이르렀으니 피스톤 운동을 더는 할 필요가 없더라도, 손가락이나 딜도는 어느 정도 그대로 있는 편이 낫다. 언제 뺄지를 상대에게 먼저 물어보라. 이제 괜찮다고 하면 되도록 아주 천천히 빼야 한다.

그러고 나서 티슈로 외음부와 외음부 주변을 닦아주면 좋다. 이때도 아직 절정의 여운이 남아 있는 만큼 무심하게 문질러 닦듯이 하면 기분이 확 내려앉는다. 티슈를 살짝 손에 쥐고 부드럽게 닦아주면 좋다. 상대에게 서로 해주면 더 좋겠다.

섹스를 끝낸 뒤에 곧바로 잠이 밀려오기도 한다. 낮에 일하고

그림 14. 시작과 끝이 함께 있는 후희.

술도 한잔 걸친 상태에서 늦은 밤에 섹스를 하면 더욱 잠이 잘 온다. 온몸의 근육이 긴장하다가 확 풀리기 때문에 자연스런 반응이다. 그렇지만 잠이 온다고 해서 곧바로 잠들면 안 된다. 잠들지 않으려는 최소한의 노력은 필요하다. 피곤하다고 해서 테니스를 치다가 곧바로 테니스 코트에 드러누워 자는 사람은 없다. 아무리 잠이 몰려오더라도 파트너에게 양해를 구하고, 깊은 포옹과 키스를 나누고, 좋았다는 말도 하고, 안아달라고 한 뒤 잠들어라.

옷 벗기가 전희라면 옷 입혀주기는 후희에 들어간다. 서둘러 벗느라 이리저리 흩어진 속옷들을 다시 가지런히 챙겨서 하나씩 손 하나 까딱하지 않게 정성스레 입혀주는 것을 좋아하는 사람도 있다.

섹스가 끝난 뒤 서로 꼭 껴안고, 머리를 쓰다듬고, 등을 어루만지고, 가슴에 키스하는 시간들은 행복하다. 서로 감사하는 시간이기 때문이다. 이런 때는 평소에 하지 못하는 닭살 돋는 멘트도 할 수만 있다면 아끼지 말고 하기를 권한다. 그렇지만 후희를 할 때는 들어서 기분이 좋지 않은 말은 하지 마라. 방금 전에 끝난 섹스를 평가하는 말도 하지 마라. 이때 들은 나쁜 말은 평생 기억에 남기 마련이다. 그러므로 이 시간에 하는 거짓말은 좋은 거짓말이다. 멋있었다고, 만족스러웠다고 칭찬하자. 이번에 한 섹스가 좋았으면 다음에 할 섹스는 더 좋다. 당신은 늘 멋지고 행복한 섹스를 할 수 있다.

섹스를 하면서 서로 맞지 않아 고쳐야 할 점이나 상대에게 바라는 점이 생길 수 있다. 그런 말은 섹스가 끝나고 다시 일상으로 돌아온 뒤 두 사람이 함께 산책을 하거나 차 한잔을 마시는 시간에 하는 것이 좋다.

황홀한 애무의 다섯 가지 원칙

첫째, 참는 것만이 능사가 아니다. 표현하라.

느끼는 것을 표현하는 것은 중요하다. 신음 소리를 내거나 몸을 비트는 행동을 부끄러워하지 마라. 상대가 별 반응을 보이지 않으면 애무를 하는 사람이 불안해진다. 자신이 뭔가 잘못하고 있다고 생각하게 된다. 자신감이 없어지면 애무도 힘들어진다.

"좋아." "거기를 조금 더 해줘." 이렇게 구체적으로 말하면 더 좋다. 마음에 들지 않으면 슬그머니 손을 잡고 애무받기를 바라는 곳으로 끌어도 좋다. 그리고 두 손을 멍하니 두지 말고 같이 상대를 열심히 어루만져라. 애무는 서로 주고받아야 한다.

둘째, 내가 하고 싶은 것보다 상대가 받고 싶은 것이 우선이다.

사람마다 좋아하는 애무법이 다르다. 나는 젖꼭지를 손가락으로 만지작거리는 것을 좋아하는데 상대는 강하게 빨아주는 것을 좋아할 수 있다. 나는 클리토리스를 손가락으로 문지르는 것을 더 좋아하는데 상대는 핥아주는 것을 좋아할 수 있다. 이렇게 서로 차이가 날 때는 받는 쪽의 취향을 존중해야 한다. 물론 조금씩 양보해서 젖꼭지를 만지고 클리토리스를 손가락으로 문지를 수도 있겠지만, 그런 다음에는 충분한 오럴 섹스를 해야 한다.

셋째, 너무 강하면 고통이 되고 지나치게 약하면 간지럼이 된다.

성감이란 피부가 느낀 촉각이 대뇌 피질에서 쾌감으로 전환된 것이다. 촉각의 강도는 중요하다. 너무 강해서 통증이 되면 기분이 상하고, 너무 약해서 간지럽게 느끼면 분위기가 깨진다. 전희가 어렵다면 바로 이런 강약 조절 때문이다. 애무를 먼저 하는 쪽도 조심해야 하지만 받는 쪽도 마찬가지다. 상대는 나름대로 진지하게 애쓰는데 간지럽다고 웃어버리면 말 그대로 당황하게 된다. 너무 약하고 부드러워서 간지럽기만 하다고 느끼면 재빨리 신호를 보내야 한다. 첫째 원칙에서 강조한 대로 더 강하게 해달라거나 다른 곳을 해달라고 말해야 한다. 자꾸 웃기만 하면 자신감을 잃고 섹스 자체를 꺼리게 될 수도 있다.

넷째, 한번 성감대는 영원한 성감대가 아니다.

무엇이든 많이 하면 익숙해진다. 익숙해진다는 것은 감각이 무뎌진다는 뜻이다. 성감대도 바뀔 수 있다. 상대가 어떤 곳을 애무하니까 좋아했다고 해서 늘 그곳만 공략하면 안 된다. 상대도 아직 스스로 깨닫지 못한 성감대가 있을지 모른다. 상대가 특히 좋아하는 곳이 어딘지를 알아두는 한편 새로운 성감대를 찾는 노력도 필요하다.

다섯째, 이는 닦았는지, 손은 씻었는지 점검하자.

처음 섹스를 할 때는 긴장하기 마련이다. 그래서 필요 이상으로 깔끔을 떤다. 샤워를 하루에 두 번하고 손톱도 매일 손질한다. 그렇지만 사귀는 시간이 길어지면서 점점 손톱에도 무관심해지고, '에이, 이 정도는 괜찮겠지' 하는 마음이 생긴다. 반대로 처음에는 상대가 양치질을 안 하든 손을 안 씻든 중요하지 않았다. 그러나 시간이 흐르면 애무를 잘 받다가도 상대가 양치질을 안 했다는 생각이 나면 성감이 갑자기 가라앉는다. 이런 일은 어쩔 수 없다. 마음이 변하거나 사랑이 식어서 그런 것이 아니다. 당연하다. 그러므로 섹스의 기본은 청결이라고 생각하고, 늘 한결같이 '청결'만은 몸에 익히자.

예민함 다루기
성감대

성감대란 신경 끝 부분의 응축 현상 때문에 신체의 다른 부분보다 예민하게 자극에 반응하는 곳을 말한다. 성감대는 사람마다 다르고, 같은 성감대라도 어떻게 자극하느냐에 따라 만족도가 다르다. 또한 한 사람의 경우에도 나이가 들어가면서 좀더 선호하고 빠르게 반응하는 성감대가 바뀌기도 한다.

일상생활에서 쌓이는 피로도 만만치 않은데 매번 섹스할 때마다 애무를 꼼꼼히 하기는 어렵다. 힘이 들 때는 자신의 상황을 솔직하게 상대에게 설명하고 양해를 구하라. 그리고 평소보다 애무를 짧게 하고 섹스를 할 수 있다. 애무하기가 두려워 섹스를 포기하는 일이 없게 하자.

각각의 애무 방법은 독립적인 것이 아니라 동시에 진행된다. 혀는 클리토리스를 자극하면서 한 손은 유방을 자극하고 또 다른 한 손은 소음순을 자극하거나, 유방을 자극하면서 겨드랑이를 함께 자

극하거나, 키스를 하면서 손은 등줄기를 타고 내려오는 등 동시다

발적 애무가 오르가슴을 만나게 해준다.

12개 성감대 애무하기

회음과 회음해면

회음이란 질과 항문 사이를 말한다. 회음부에는 외음부하고 같은

신경이 분포돼 있으며, 항문과 질의 입구를 수축하고 이완시키는 8

자 근육이 교차되는 지점이라서 더 민감하다. 회음부 아래에는 회음

해면이 있다. 앞서 요도를 설명할 때도 요도 해면이 나왔고, 클리토

리스도 해면체로 구성돼 있다고 한 말을 기억한다면 회음해면의 기

능도 바로 이해가 될 수 있다. 회음해면도 성적으로 흥분을 느끼면

피가 몰리면서 부풀어 오르고 더욱 민감해진다. 그래서 여기에 압력

을 가하는 애무를 하면 더 큰 흥분을 느끼게 된다(**그림 2** 참조).

　질에 손가락이나 딜도 등을 깊숙이 삽입할 때 느끼는 쾌감은 이

런 압박감이 회음부에 전달되기 때문이다. 곧 질 자체가 삽입을 쾌

감으로 받아들이는 것이 아니라 질에 가해진 압력이 회음해면을 자

극하기 때문이다. 항문 성교로 쾌감을 느끼는 것도 같은 원리다.

　손가락이나 혀로 회음부를 애무하다 보면 항문 쪽으로 갈 수 있

다. 이때 상대가 아직 마음의 준비가 되지 않았다면 부끄러움 때문

에 오히려 흥분이 일순간에 식어버릴 수도 있다. 그러므로 회음부가 성감대라는 말만 듣고 충분한 소통 없이 너무 갑작스럽게 다가가지 않아야 한다. 처음에는 회음부 주변을 손가락 또는 무릎이나 허벅지 등 다른 신체 부위나 섹스토이를 이용해 은근히 애무하는 방법이 좋다.

항문과 엉덩이

항문을 혀로 핥아주는 애무법을 리밍이라고 한다. 조금 민망해서 그렇지 항문 애무는 금기 사항이 아니며, 클리토리스 애무만큼 흥분을 가져올 수도 있다. 항문 애무를 서로 합의했으면, 혹시 모를 감염이나 바이러스 전염을 예방하는 차원에서 덴탈 댐dental dam을 쓸 수 있다. 또한 미리 샤워할 때 항문 주변의 주름 부분까지 깨끗하게 씻는 편이 좋다.

덴탈 댐은 네모난 모양의 멸균 처리된 천연 라텍스 고무 조각이다. 치과에서 입안을 치료할 때 감염 예방용으로 쓰는데, 같은 목적으로 오럴 섹스 때도 사용할 수 있다. 주방에 있는 랩을 대신 써도 되지만, 인터넷 쇼핑몰에서 싸게 살 수 있으니 되도록 덴탈 댐을 쓰는 편이 낫다. 해외 사이트에는 아예 오럴 섹스용으로 나온 다양한 덴탈 댐이 팔리고 있다.

엉덩이 애무는 손바닥 전체로 감싸듯 쥐거나 아래쪽부터 손바닥 전체로 쓸어 올리는 방법 등이 있다. 또는 엉덩이와 허리의 경계선이나 엉덩이가 양쪽으로 나뉘는 라인을 따라 항문 근처까지 강약을 조절하며 키스해주는 것도 좋다.

유방

유방은 아주 뛰어난 성감대다. 유방을 자극하면 자궁이 수축 운동을 일으킬 정도다. 다만 모든 여성의 가슴이 똑같지 않다는 사실을 알아야 한다. 유방 애무만으로 오르가슴에 도달하는 여성도 있지만 좀처럼 반응을 보이지 않는 여성도 있다. 그리고 배란을 조절하는 호르몬 분비 때문에 월경을 전후해 가슴이 붓는다. 이때는 조금만 만져도 아픈 만큼 애무할 때 통증을 느끼지 않게 배려해야 한다.

유방은 피하 지방이 많아 감각이 뛰어나지 않은 탓에 손가락보다는 손바닥 전체를 활용해 크게 자극하는 방식이 좋다. 대신 신경이 몰려 있는 유두와 유륜(젖꼭지 주위를 둘러싼 둥글고 검은 부분)은 혀나 입술로 부드럽고 섬세하게 자극해야 한다. 자극받은 유두는 앞으로 튀어나오듯 커지고, 유륜도 색깔이 더욱 짙어지고 오돌토돌해지면서 부어오른다.

애무 방법은 혀로 유륜 주위를 강하게 빙빙 돌면서 누르기, 유두에서 겨드랑이 쪽으로 쭉 핥으며 내려가기, 유두 주변까지 한껏 입에 넣어 빨아보기 등이 있다. 손을 이용할 때는 엄지손가락과 집게손가락으로 꼬집듯 돌리기, 손바닥을 대고 원을 그리듯 돌리기, 집게손가락으로 누르거나 튕기기 등을 할 수 있고, 손가락 끝에 침을 묻혀 자극하는 방법도 효과가 있다.

이 밖에도 상대와 자신의 유두 끝을 아슬아슬하게 마찰시키거나, 입술로 물고 혀끝으로 핥아주거나, 코끝으로 누르며 흔들어볼 수도 있다. 똑같은 방법이라도 속도와 힘의 강도에 따라 차이를 둘 수 있고, 양쪽을 번갈아가며 상대가 충분히 즐길 수 있게 해야 한다(다만 한쪽을 자극하고 너무 빨리 다른 쪽으로 옮겨가면 자극이 흥분으로 바뀌지 못한다). 유방 애무는 서로 동시에 주고받을 수 있다. 어떤 방법을 쓸지는 두 사람이 직접 시험해보기 바란다.

유방을 애무하다 보면 혼자 흥분해서 상대의 유방에 키스 마크가 남을 정도로 빨거나 꼬집고 마구 깨물기도 한다. 상대는 아파서 그만두라고 머리를 밀쳐내는데 너무 좋아서 그런다고 착각할 수도 있으니, 이런 부분은 서로 약속 신호를 정하는 편이 낫다. 더한 자극을 바라면서도 밀쳐내는 동작을 할 수 있고, 정말 싫어서 그럴 수도 있다. 이 둘을 구분할 수 있게 특정 단어나 동작을 약속하면 된다.

겨드랑이

이제 눈치챘을지 모르겠지만, 밖으로 잘 드러나지 않거나 손이 잘 가지 않는 곳이 대체로 성감대다. 겨드랑이도 피부가 얇고 신경이 모여 있어 예민하다. 손가락 전체나 손바닥으로 꾹꾹 눌러주는 방법이나 엄지손가락으로 가볍게 누르면서 돌리는 방법 등을 쓸 수 있다. 입김을 불거나 입술을 대고 세차게 빨아주는 방법도 쓸 수 있다. 그렇지만 겨드랑이 애무는 자칫 상대가 간지럽다고 느낄 수도 있는 만큼, 굳이 하려면 전희 초반부에 해야 한다. 한껏 흥분을 끌어올린 뒤에 겨드랑이 애무를 하는 바람에 간지럼을 타다가 웃음이 크게 터져서 모든 것이 다시 처음 상태로 돌아갈 수도 있다.

목덜미
목덜미는 대뇌에 이르는 신경이 모여 지나가는 곳이기 때문에 민감하다. 사람에 따라서는 목 뒤쪽에 손가락을 살짝 갖다 대기만 해도 움츠리며 간지럼을 타기도 한다. 그렇기 때문에 목덜미 애무도 상대가 간지럽다고 느끼지 않게 하는 것이 중요하다.

입술에서 턱의 아랫부분과 목의 앞쪽을 따라 가슴까지 내려오며 키스를 하거나, 어깨선을 따라 목을 지나 입술로 올라가며 연속 키스를 하는 방법도 있다. 또한 성감이 고조돼 온몸이 긴장돼 있을 때는 입술을 가까이 해서 귓불 뒤에서 목덜미 쪽으로 뜨거운 입김을 살며시 불어넣는 방법도 좋다.

등
등은 상대의 마음을 편하게 하는 좋은 성감대다. 등은 비교적 신경이 적은 곳이기도 하지만, 신체 중에서 직접 만지기 힘든 곳이기 때문에 다른 사람이 부드럽게 어루만질 때 기분 좋은 느낌을 받는다.

손바닥 전체로 등을 어루만지고 난 뒤에 입술이나 혀로 등뼈를 따라 쭉 훑으며 내려가는 방법이 있다. 또는 약손가락(넷째 손가락)으로 목 밑에서 꼬리뼈까지 쓰다듬어 내렸다가 다시 엄지로 쓸어 올리면 쾌감을 느낄 수 있다. 왜 꼭 약손가락과 엄지손가락이어야 할까? 일단 해보면 이유를 알 수 있다. 약손가락은 다섯 손가락 중에서 가장 힘주기가 어렵고 엄지는 가장 힘주기 쉽다.

귀

귓불을 빨거나 혀로 쓰다듬으면 좋다. 뜨거운 입김을 불어넣는 것만으로도 온몸이 짜릿해질 때가 있다. 귀의 자극을 좋아하는 사람이라면 혀로 귓구멍을 강하게 밀면서 핥거나, 귓바퀴 부분을 입으로 강하게 빨거나, 귓불을 이로 살짝 깨무는 응용에도 적극적인 반응을 보인다. 그렇지만 이때 귀가 침으로 온통 젖지는 않게 조심하자. 그런 느낌을 아주 싫어하는 사람도 있다.

그런데 귀가 하는 가장 중요한 기능은 따로 있다. 바로 사랑의 속삭임을 듣는 일이다. 섹스를 하면서 달콤한 말을 하는 행동은 중요하다. 서로 알몸이라는 사실 때문에 자칫 위축될 수도 있는데, 이런 때 상대에게 자신감을 불어넣어주는, 존재 자체를 향한 감사와 감탄을 전할 필요가 있다. 사랑의 밀어를 속삭이는 행동도 중요하다. 과학적 근거도 있다. 말할 때 나오는 입김은 몸의 표면 온도보다 높기 때문에 체온을 조절하는 구실을 하는 귀에는 이 온도 차가 자극으로 받아들여진다.

입술

입술은 가장 확실한 효과를 불러오는 성감대다. 입술과 구강의 애무법은 키스다. 키스만으로도 짜릿한 흥분을 느낀다는 사람도 많다.

치아나 코가 부딪치지 않게 주의해야 한다. 혀를 이용하는 키스를 할 때는 입을 크게 벌려 혀가 왕래하기 쉽게 해야 한다. 혀로 상대의 입안을 애무한다는 생각으로 열심히 혀를 움직여보라. 혀를 최대한 길게 빼내어 상대의 입안 깊숙한 곳까지 넣어보기도 하고, 청소하듯이 구석구석을 닦고 핥아보라. 또한 상대의 모든 것을 빨아들일 듯 깊게 흡입해보라. 어떤 사람은 이런 프렌치 키스를 부끄러워한다. 그렇지만 열정적인 키스는 열정적인 섹스를 불러온다.

꼭 양 입술을 함께 키스해야 하는 것은 아니다. 한쪽 입술만 지그시 깨물거나 핥고, 부드럽게 빨아주는 것을 좋아하는 사람도 많다. 사람마다 아랫입술이나 윗입술을 선호하는 정도가 다르다. 양쪽을 각각 시도해본 뒤 어느 쪽의 자극이 더 좋은지를 알아보면 좋다.

머리카락

머리카락에 아무 느낌이 없다고? 두피에 키스해보라. 정수리에서 약간 뒤쪽에 키스를 하면 온몸을 관통하는 짜릿한 전율에 몸을 움츠리게 된다(사람마다 조금씩 다르지만 머리에도 성감은 있다). 손가락으로 빗질을 하면 좋아하는 사람도 있고, 머리카락을 살짝 잡아당기면 성감을 느끼기도 한다. 모발 자체는 감각이 없지만 모근

(털뿌리) 아래의 신경에 미묘한 감각이 전달되기 때문이다. 그리고 일상생활에서는 다른 사람이 머리카락을 만지는 일이 거의 없기 때문에 섹스할 때 완전히 머리를 맡기는 행위 자체가 낯선 자극이 될 수 있다.

대퇴부(허벅지) 안쪽

허벅지 안쪽도 성감대다. 어릴 때부터 외음부는 만지면 안 된다는 금기 때문에 외음부 주변인 허벅지 안쪽을 (등하고 비슷하게) 만지지 않게 되는 사람이 많다. 그래서 상대의 손이나 입이 허벅지 안쪽에 접촉하는 것 자체가 외음부를 직접 자극하는 것하고 똑같은 효과가 있다. 손바닥으로 어루만지거나, 살짝 쥐었다가 풀거나, 손바닥으로 강하게 외음부 쪽으로 쓰다듬어 올렸다가 약하게 내려오는 방법 등을 쓸 수 있다. 손가락 끝으로 부드럽게 주무르거나 입술로 애무해도 좋다.

무릎

무릎을 조금만 건드려도 무척 간지러워하는 사람들이 있다. 대체로 간지럼을 타는 곳이 성감대라고 볼 수 있는데, 손가락으로 살짝만 잘 쓰다듬어도 두 배의 효과를 낼 수 있는 곳이 바로 무릎이다. 얼굴에서 점차 아래로 내려오면서 애무하다가 무릎을 절정으로 삼는다. 무릎에 키스하거나, 혀로 핥거나, 다른 곳을 애무하면서 한쪽 손으로 무릎 전체를 감싸며 자극을 줘도 좋다.

발가락

엄지발가락과 둘째 발가락 사이도 성감대다. 발가락을 입에 물고 그곳을 혀로 강하게 자극할 때 오르가슴을 느끼기도 한다. 또한 안쪽 복사뼈를 빨아줄 때 성감을 느끼는 사람도 있다. 발바닥의 오목한 부분과 복사뼈, 발가락 하나하나를 빨아주는 행동이 매우 강한 자극이 된다.

물론 반복해서 강조하지만 성감대는 사람마다 다르기 때문에 모든 사람이 발가락 애무를 즐기지는 않는다는 점도 기억해야 한다. 남성 저자가 쓴 섹스 가이드북에서 모든 여성이 발가락 애무를 좋아하는 듯 묘사하며 이 점이 비장의 카드인 양 말하는 내용을 읽은 적이 있다. 그렇지만 성감대는 그렇게 단순하지 않다. 모든 사람이 100퍼센트 반응을 보이는 성감대란 없다.

지도를 그리듯 사랑에 몰두하기

다른 섹스 가이드북에도 성감대를 설명할 때 몸에 지도를 그리듯 애무하라든지 지도로 가야 할 길을 찾듯이 애무하라는 표현이 자주 나온다. 그런데 이런 말을 잘못 이해하면 정말 그리기만 하거나 뒤지기만 한다.

아니다. 우리에게는 목적지가 있고, 목적지에 도착하면 그곳에서 뭔가를 해야 한다. 방문한 진짜 목적은 따로 있지 않은가. 그저 몸의 어느 부분이 가장 성적으로 민감한지를 정밀 감식하라는 의미는 아니다. 민감하고 좋아하는 곳을 찾아가 그곳에서 즐거움을 나눠야 한다. 그러니 성감대 애무에 적극적일 필요가 있다.

머리부터 발끝까지 우리의 몸은 성적으로 반응할 수 있다. 그리고 그 반응은 사람에 따라서, 그날 느끼는 기분에 따라서, 나이에 따라서, 섹스를 경험한 횟수에 따라서 달라질 수 있다. 단지 어디를 만지느냐가 문제가 아니라 어떻게 만지느냐가 중요하다. 어떻게 하느냐에 따라 아주 자극적일 수도 있고 하품이 나올 수도 있다. '만진다'는 이 단순한 단어 하나에도 얼마나 다양한 '만진다'가 들어 있는지 생각해보자.

부드럽게, 거칠게, 길게, 짧게, 가볍게, 강하게 할 수 있다. 핥고, 빨고, 깨물고, 간지럽히고, 입김을 불어넣고, 코로 문지르고, 가슴이나 볼로 비비거나 머리카락으로 스칠 수 있다. 어루만지고, 흔들고, 꼬집고, 문지르고, 쓰다듬고, 주무르고, 두드리고, 누를 수 있다.

우리 생활 속에서 활용할 소도구도 많다. 부드러운 감촉을 불러일으킬 수 있는 것이면 무엇이든 좋다. 블러셔 브러시도 사용된다. 손으로 만질 때 오일을 바르거나, 물을 떨어트리거나, 실크 스카프 등으로 감싸줄 수도 있다. 클리토리스에 생크림을 바를 수도 있다.

작은 얼음 조각을 입에 물고 유두를 자극하는 방법도 있다.

이것저것 두 사람이 합의해서 무엇이든 즐겁게 시도해보라. 두 사람의 몸에 관해 하나씩 알아갈 때마다 즐거움도 하나씩 늘어난다. 그래서 《성의학 사전》의 한 구절을 특별히 인용하고 싶다. 섹스를 잘하는 사람이 된다는 것은 '일반적인' 여성 전문가가 되기보다는 사랑하는 한 여성에 '몰두하는' 전문가가 되는 것이다.

안전하고
즐거운
섹스

합의 그리고 금기

1

모든 섹스의 가장 중요한 원칙이자 전제 조건이자 황금률은 '합의'
다. 합의라는 말이 연인 사이에서는 좀 냉정하고 딱딱한 뉘앙스로
들리겠지만, 이 규칙은 일회성 관계든 연인 관계든 상관없이 모두
적용된다. 강간은 합의 과정이 없다는 점 때문에 범죄다. 뒤집어 말
해 합의를 하는 과정을 어떤 이유든 빠트리면 성폭력이 된다.

말 안 통하면 몸도 안 통한다

물론 이런 질문이 나올 수 있다. 연인끼리 키스를 할 때마다 매번 키
스해도 되냐고 묻는 일은 너무 번거롭지 않느냐고, 낭만이 없지 않
느냐고. 맞는 말이다. 사이가 좋은 커플은 하루에 수십 번씩 뽀뽀와
키스를 한다. 이런 커플은 매번 허락을 구하는 대화를 나누지 않는

다. 그렇지만 합의 과정이 생략된 것은 아니다. 오래 사귀는 과정에서 어떤 순간에 뽀뽀를 하는지, 어떤 몸짓이나 눈빛이 동의를 구하는 것인지를 이미 서로 잘 알고 있기 때문이다. 이 정도 관계가 아닌 다음에야 합의를 생략하려 하면 안 된다.

합의에서 가장 중요한 점은 제안을 받은 때 거부를 얼마나 쉽게 할 수 있는지, 그 거부를 얼마나 빨리 잘 수용하는지에 있다. 이런 과정에서 안전함과 편안함을 느끼는 것이 바로 합의의 과정이다. 스킨십을 자주 나누는 커플들에게는 바로 이런 특징이 있다.

여기서 말이 안 통한다는 것은 내가 영화를 좋아한다고 말할 때 상대가 자기는 영화보다 책이 더 좋다고 말하는 상황을 뜻하지 않는다. 적어도 '무엇을 좋아하는가'라는 주제를 놓고 대화하고 있으니 말은 통하는 중이다. 그렇지만 이어지는 대화에서 무엇을 좋아하는지에 초점을 맞추지 않은 채 상대가 하는 영화 이야기는 듣지도 않고 자기가 좋아하는 책 이야기만 한다면 그때부터는 말이 통하지 않게 된다. 그 사람은 상대가 무엇을 좋아하는지가 아니라 '자기 자신'에게만 관심이 있다. 이런 태도는 어떤 폭력의 '징조'다. 이런 전조 증상을 잘 알아채고 관계를 정리할 수 있어야 한다.

주고받는 대화가 이어지지 않으면 성생활에서도 문제가 생긴다. 하지 말라고 분명히 말했는데도 그런 의사를 무시하는 사람이 있다.

"내일 아침에 일찍 나가야 해서 오늘밤에는 못하겠어."

"나를 사랑하지 않는 거지? 그만한 피곤함도 못 참는 거야?"

이렇게 대꾸하면서 조르기 시작하는 상대라면, 부디 섹스만 하지 않는 데 그치지 말고 빨리 헤어지기를 바란다.

피곤하다고 말하면 어떻게 얼마나 피곤한지, 어떻게 해야 피곤이 풀릴지, 피곤을 풀 수 있게 뭘 더 도와줄 수 있을지를 먼저 생각하고 묻는 사람이 말이 통하는 사람이다. 말이 안 통하는 사람을 피하라는 말은, 말귀를 잘 알아듣는지를 가늠하라는 것이 아니라 내게 관심을 기울이고 배려할 줄 아는 사람인지를 보라는 뜻이다. 우리는 모두 그런 사람하고 섹스를 할 권리가 있다. 이렇게 생각하고부디 원하지 않는 섹스를 억지로 참고 견디며 살지 않기를.

월경할 때 하는 섹스

흔히 '생리'라고 하는데, 월경이 더 알맞은 표현이다. 월경을 하는 동안에는 보통 섹스를 꺼린다. 종교적으로 월경을 정결하지 않다고 여겨 월경 때 하는 성교를 금지한 전통이 있어서 월경에 관한 편견이 강할 뿐이다. 그렇지만 월경 때 하는 섹스는 피가 묻을 수도 있다는 점을 빼면 굳이 하면 안 되는 이유가 없다.

다만 월경을 하는 동안의 질이 어느 정도 변한다는 점은 알아둬야 한다. 자궁경부를 보호하는 점액도 떨어진다. 이런 때 임질균이나 클라미디아균 등이 감염되기가 조금 더 쉬워진다. 그렇지만 위험한 상태라는 뜻은 아니다. 균이 침입한 때의 이야기일 뿐이니, 서로 균이나 바이러스 등을 갖지 않은 상태에서 콘돔을 사용하는 위생적인 섹스를 하면 아무 문제가 없다. 월경혈이 이불이나 침대 시트에 묻지 않게 수건 등을 까는 것도 요령이다.

완경 뒤에 하는 섹스

월경은 시작과 끝이 분명히 있는 일정 시간 안에만 일어난다. 그런 점에서 월경이 끝난 상태를 가리키는 말로 '폐경'보다는 완전히 마무리됐다는 뜻에서 '완경完經'이 더 알맞다. 또한 생식기가 곧 성기는 아니라고 설명한 대로 완경이 성생활의 끝을 의미하지는 않는다.

일반적으로 여성은 50대로 접어들면 완경기를 맞는다. 완경기에는 육체적 변화보다 심리적 위축감이 더 위험하다. 이제 내 인생에 즐거움은 끝났다는 우울증이 생길 수 있다. 그렇지만 당신이 하려고만 하면 90세에도 섹스는 가능하다. 단지 나이가 좀 들었다는 이유만으로 사랑하는 파트너하고 즐거운 교감을 나눌 수 없다면 슬픈 일이다. 더군다나 그 귀찮은 생리통도 없고 피임을 고민하지 않아도 되니 더 자유롭게 사랑을 나눌 수 있다. 긍정적으로 생각하자.

완경기는 성기 자체가 노쇠해지는 시기가 아니다. 대뇌에서 분비하는 성호르몬인 에스트로겐과 프로게스테론의 분비가 줄어 난소가 난자를 더는 배출하지 않을 뿐이다. 클리토리스는 여전히 예민하고, 줄어든 질액은 윤활제를 쓰면 되니 걱정할 필요가 없다.

완경이 된 뒤에는 어떤 즐거운 성생활을 해볼까. 먼저 알아둬야 할 점은 완경이 갑자기 일어나서 곧바로 마무리되지는 않는다는 사실이다. 월경이 끝난 줄 알았는데 다시 시작되기도 한다. 완경은 점진적으로 벌어지는 일이며, 난소에서 난자가 더는 배출되지 않더라도 일정한 기간 동안 여러 가지 호르몬은 계속 분비된다.

완경기 이후에 질 내부의 건조함이 성생활을 방해하는 요인으로 지목되는데, 난소에서 질의 상피 조직의 성장을 촉진하는 에스트로겐의 분비가 감소하기 때문이다. 질액이 분비되는 데 걸리는 시간이 30초에서 1~3분 정도로 조금 길어진다. 그러므로 완경기 이후 섹스 테크닉의 핵심은 부드러움과 여유다. 질액이 나오는 데 시간이 조금 더 걸리니 삽입을 빨리 하지 않도록 전희를 길게 해야 하고, 질벽이 얇아지고 건조할 수 있으니 윤활제(러브 젤)의 도움도 받고, 삽입 때 피스톤 운동은 부드럽게 해야 한다.

완경기 이전의 성생활이 이후에도 쭉 이어지고, 오르가슴은 그대로 당신 곁에 있을 것이다. 연구자들은 완경 여부보다 섹스의 주기가 더 중요하다고 말한다. 거의 매주 1회 이상 섹스를 지속한 여성 중에는 70대에도 20대만큼 질액이 원활하게 분비된 사례도 있다고 한다. 그러니 나이든 뒤에도 즐거운 성생활을 하고 싶으면 미리 즐거운 삶을 누려야 한다. 즐거운 삶이 가장 훌륭한 예방책이다.

완경기가 되면 에스트로겐 대체 요법을 받아야 한다는 말도 종종 듣는다. 그렇지만 나이가 들면서 에스트로겐이 줄어드는 현상은 자연스러운 일인데 꼭 대체 요법을 받아야 할까. 자궁암을 예방하는 효과가 있다지만, 오히려 유방암을 일으킬 가능성이 높아진다는 주장도 나온다. 호르몬 투여는 반드시 믿을 만한 의사하고 상의해서 결정해야 한다.

합의하고 약속하는 '에스엠'

사디즘sadism과 마조히즘masochism이 변태적 성욕이라고 생각하는 사람은 여전히 많지만, 그래도 예전에 견줘 상당히 변화하고 있다. 어느 정도의 사디즘과 마조히즘, 곧 줄여서 에스엠SM은 오히려 성감을 북돋우고 스트레스를 해소한다는 긍정적인 해석도 대두됐다.

오해하는 사람들은 '때리고 맞으면서 고통을 즐기는 변태'라고 쉽게 생각하지만, 철저하게 합의된 관계 안에서 약속된 플레이를 하는 에스엠은 폭력도 아니고 비정상적 성행위도 아니다. 또한 에스엠은 학대하고도 다르다. 학대는 가해자와 피해자가 있고 피해자의 몸보다 마음에 큰 상처를 남긴다. 학대는 상대를 존중하지 않는 행위이지만, 에스엠은 상대를 존중하는 바탕 위에 합의하고 약속한 플레이를 한다. 에스엠 플레이를 하자고 약속한 상대가 합의를 어기고 마음대로 행동하면, 그런 행위는 성폭력이 된다.

에스엠 플레이는 크게 넷으로 나눈다. 결박과 훈육bondage and discipline·B/D, 지배와 굴종dominance and submission·D/S이다. 본디지(결박) 플레이를 할 때는 혈액 순환과 호흡, 관절에 무리를 주지 말아야 한다. 묶을 때도 매듭이 점점 조여지는 형태가 되지 않게 해야 한다. 그리고 상대를 묶인 상태로 절대 혼자 두지 않아야 한다.

또한 게임을 끝내는 암호를 꼭 정해야 한다. 그만두라는 말이 정말 그만두라는 말인지, 아니면 역할극에서 나오는 대사인지 알 수가 없다. 그러므로 바로 알아들을 수 있는 특정 단어를 정해야 한다. 완급 조절이나 강도 조절을 할 때도 약속을 정하면 좋다. '지금보다 더 빨라도 좋다'는 말을 '더 빨리 해줘'라고 하면 역할극이 깨지기 때문이다. 지금 좀 아프니 속도나 강도를 조절해달라거나 지금 괜찮다는 신호 등을 보낼 때 쓰는 단어를 미리 정해놓는다.

잘 묶을 자신이 없으면 무리하지 말고 섹스토이 가게에서 파는 에스엠 용품을 사는 것이 낫다. 그리고 플레이를 배우는 것은 좋지만 에스엠 플레이가 나오는 포르노나 소설로 학습하지는 말기를 바란다. 소설이나 영화는 현실에서 쓰면 위험하거나 매우 귀찮은 플레이를 아무렇지도 않게 쓰기 때문이다.

그림 15. 마사지를 해주는 커플. 상대의 몸을 사랑스럽게 만지는 행위가 섹스다. 그렇게 보면 마사지는 최고의 섹스이기도 하다. 동거하는 커플이라면 더욱 상대의 힘든 하루를 마사지로 풀어주는 일상의 섹스를 자주 나누기를 바란다.

코르티솔 호르몬과 여성 건강

스트레스를 받으면 뇌에서 아니, 뇌가 아니라 콩팥에서 '코르티솔 Cortisol'이라는 호르몬이 분비된다. 코르티솔은 면역 체계의 기능을 떨어트린다. 그래서 스트레스가 만병의 근원이라고 말한다.

페미니즘 의학서로 유명한 크리스티안 노스럽의 《여성의 몸 여성의 지혜》에 따르면 여성의 몸에 있는 면역 세포의 80퍼센트가 질, 요로, 자궁경부, 방광 점막에 자리한다. 다시 말해 직장이나 가족 등 우리가 일상에서 받는 스트레스는 만성적 질염과 외음부 통증, 헤르페스, 자궁경부암 등으로 나타날 수 있다.

노스럽은 자신이 치료한 환자의 사례를 들려준다. 오랫동안 질염과 요로 감염으로 고생한 환자가 찾아왔다. 이야기를 들어보니 그 환자는 매일 밤 남편하고 섹스를 하는데 몸이 피곤해서 거부하고 싶을 때도 사랑하기 때문에 참고서 남편의 성욕을 만족시키려 노력하고 있었다. 원하지 않는 섹스 때문에 질액이 충분히 분비되지 않고 질과 요로가 심한 자극을 받아 염증이 생긴 사례였다.

이 사례는 스트레스가 여성의 건강과 성생활에 큰 영향을 주는 만큼 스트레스를 줄이고 마음을 편하게 해야 건강하고 즐거운 성생활을 즐길 수 있다는 사실을 알려주지만, 거꾸로 즐거운 성생활을 하려면 스트레스를 받는 상황 자체를 줄이려 애써야 한다는 의미이기도 하다. 약을 먹고 병원에 가지 않더라도 스트레스만 줄이면 증세가 호전될 가능성이 있다는 말이다.

키스가 코르티솔을 줄이는 효과가 있다는 또 다른 연구도 발표됐다. 만약 사랑하는 이하고 함께 살고 있다면, 부디 아끼지 말고 매일매일 하루에 수십 번씩 틈날 때마다 키스를 나누며 건강을 챙기시기를 바란다.

여자들의 아픈 몸

위염이나 편도선염에 관해서 이야기하듯이 질염에 관해서 이야기할 수 있을까? 약국에 가서 무슨 약을 달라고 하면 되는지 상식처럼 알고 있을까?

질에서 나오는 분비물

여성 생식기에 관한 이야기는 그 기관들이 성기이기도 하다는 점 때문에 언급이 금기시된다. 그래서 늘 부정확한 지식이 사람들 사이에 떠돈다. 친한 친구들끼리도 자기 몸을 괴롭히는 냉이나 외음부 가려움에 관해 말하기 어려워한다.

　질에는 외부 박테리아의 침입을 막아 질을 보호하는 산성 분비물이 늘 있다(성관계 때 나오는 질액하고는 다르다). 산성도는 피에

치며 4.5 정도다. 흔히 청결한 여성의 질은 무색무취라고 한다. 이런 까닭에 자신은 청결한 여성이 아니며 건강에 문제가 있는 걸까 하고 잔걱정을 하는 사람이 많다.

먼저 알아야 할 점은 질 분비물이 늘 똑같지 않고 월경과 배란 주기에 따라 계속 변한다는 사실이다. 2차 성징이 나타나기 전까지 는 질 분비물이 많지 않지만 배란이 시작되면 달라진다. 질에서 나 오는 분비물을 '대하帶下' 또는 '냉冷'이라고 하는데, 의사들이 '냉대 하증'이라고 할 때는 냉이 많이 나오거나 질염이 있는 상태를 말한 다. 냉은 여성에게서 나오는 차가운 분비물이라는 의미에서 쓰는 한의학 용어다. 그냥 질에서 나오는 것이라는 뜻으로 '질 분비물'이 라고 해도 된다. 질에서 분비물이 나오는 것은 자연스럽다. 질내 세 균이나 죽은 세포 등을 밖으로 밀어내는 활동인 만큼 좋은 일이기 도 하다.

블랙레지가 쓴 《브이 스토리》에 따르면 질 분비물에는 수천 가 지가 넘는 유기물이 포함돼 있다. 당류, 단백질류, 온갖 종류의 산 성 물질, 복잡하고 간단한 숱한 알코올류, 세균과 항체 등까지 아직 정확히 다 밝혀내지 못할 정도다. 또한 질 분비물은 생리 주기나 성 욕, 성관계, 육체적 안정도와 신체적 안정도, 먹는 음식 등에 따라서 도 그때그때 변화한다. 질 분비물이 계속 나오는 이유는 생식기 내 부를 늘 따뜻하고 촉촉하게 만들어서 질병을 예방해야 하기 때문이 다. 분비물 안의 물질들은 미생물이 질 내막으로 접근하지 못하게 막고, 세균이 죽이고, 손상된 질 내부 조직을 치료하고, 염증을 막는 등의 구실도 한다. 질 내부가 산성을 유지해야 하는 이유는 그래야 이런 유기체들이 최상의 활동을 할 수 있기 때문이다.

때마다 다른 색깔과 냄새

소변을 보고 난 뒤에 휴지로 닦을 때에나 팬티에 묻은 분비물을 보게 된다. 어떤 때는 끈적이고, 어떤 때는 속옷이 축축하게 젖을 정도이고, 어떤 때는 조금도 나오지 않는 것 같다. 이렇게 때마다 바뀌는 이유가 뭘까.

일단 배란과 월경이 반복되기 때문이다. 배란기 때는 '투명하고 미끈미끈한' 분비물이 나오고, 생리 전후에는 '불투명'해진다. 배란기에는 양이 좀 많아져서 속옷이 젖는 정도가 될 수도 있는데, 배란기가 아닐 때는 외음부가 젖는 정도라고 생각하면 된다.

배란이 끝나면 분비물의 양은 줄어들고 약간 탁해져서 투명한 분비물이 하양색으로 조금씩 변한다고 생각하면 된다. 점점 분비물이 끈끈해지다가 월경이 시작되면 월경혈이 나오고, 월경이 끝나면 질 분비물의 양이 확 줄어든다. 다시 며칠 뒤부터 분비물이 나오기 시작하는데, 이때 하양색의 불투명한 점액이 조금 나온다. 그러다가 배란기가 다가오면서 조금씩 투명해진다.

배란일 2~3일 전부터는 달걀흰자 같은 분비물이 나온다. 가끔은 거의 물이 돼 나오기도 한다. 배란이 끝나고 다음날이 되면 분비물 양이 확 줄어든다. 그러다가 다시 조금씩 분비가 시작돼 하얀색으로 변하는 분비물에서 조금씩 끈끈해지다가 월경이 시작된다. 이렇게 계속 반복된다.

섹스를 할 때 성적으로 흥분하면 질 분비물의 양이 많아진다. 마치 격한 운동을 하면 땀을 흘리는 상태하고 비슷하게 질 내벽에서 점액이 분비된다.

병원에 가야 할 때

질 분비물의 색깔이나 냄새가 달라진다든지 통증이나 가려움이 생기면 덜컥 불안해진다. 큰 병일까 싶기도 하지만, 산부인과에 가서 막상 진찰을 받으려니 겁도 나고 번거롭다. 의사가 물으면 뭐라고 대답해야 할지도 고민이 된다. 그래서 불필요한 불안감을 지우고 병원에 가야 할 상황인지를 판단할 수 있는 몇 가지 기준을 정리했다.

사실 가장 좋은 선택은 병원에 가는 것이다. 정기 검진도 받고, 이상이 있을 때마다 찾아가 진료를 받아야 한다. 경제 상황이나 시간 때문에 부담스러우면, 일단 이것만이라도 해보자.

색깔, 가려움, 냄새

첫째, 질 분비물의 색깔은 하양색이거나 투명하면 괜찮다. 초록색, 회색, 노란색을 띠면 신경을 쓰자. 둘째, 가끔 가렵거나 따끔거리고, 화끈거리는 느낌을 받을 수도 있다. 이런 증상이 있다고 무조건 병원에 갈 필요는 없다. 그렇지만 이런 증상이 일주일 넘게 이어지면 그때부터는 신경을 쓰자. 셋째, 냄새도 어느 정도 난다. 그렇지만 비린내나 달걀 썩는 냄새가 날 때는 신경을 써야 한다.

질이나 자궁에 질환이 있을 때 증상으로 판단하기 쉽게 각각의 특징을 정리해보자.

- 회색, 노란색+비린내+가려움=세균성 질염(생리 전후나 성관계 뒤 증상이 심해지기도 함)
- 흰색+두부 찌꺼기 같고 냄새 없음+통증=칸디다 질염(배뇨 때 통증이 동반되기도 함)
- 초록색+거품+통증+달걀 썩는 냄새=트리코모나스

좀더 자세한 설명은 이 장의 뒷부분을 참조하기를 바란다.

질의 자가 치유 능력을 믿어라

질은 자가 치유 능력이 뛰어나다. 잘 먹고 잘 쉬면서 건강을 유지하면 염증이 좀 생기더라도 잠깐 왔다가 사라진다. 질의 자가 치유 능력을 믿고 자기 자신에게 의지하면 된다. 그렇지만 성행위를 통해 감염되는 경우에는 감염이 계속될 수도 있고 상대도 치료를 받아야 하는 만큼 상대에게도 말하고 함께 병원에 가야 한다. 그래서 몇 가지 특이 사항을 알아두면 좋다.

질 분비물에 의외로 속옷을 빨 때 쓰는 세탁 세제나 섬유 유연제가 영향을 미치기도 한다. 생리대나 질 세정제도 마찬가지이고, 가끔 탐폰이나 콘돔 등의 조각이 질내에 남아 염증을 일으키기도 한다. 또한 당뇨가 있을 때도 영향을 미친다. 그러므로 질이 가렵거나 분비물이 이상하다 싶을 때 사용하는 세제나 생리대를 바꾸는 일이 뜻밖의 해결책이 될 때도 있다. 병원에 가서 검사를 받아야 할지 말지를 판단해야 할 수도 있으니, 이런 원인도 한번 점검해봐야 한다.

산부인과에 갈 때는 바지보다 치마가 좋지만, 바지를 입어도 상관은 없다. 진찰대에 누우면 의사와 환자 사이에는 커튼을 치기 때문에 눈 마주칠 일도 없다. 진찰 시간도 보통 2~3분이면 된다.

꼭 알아야 할 외음부 씻는 법

외음부를 제대로 씻는 법을 잘 모르는 사람이 많다. 지금까지 당신의 외음부 세척법은 어땠는지 다음 다섯 가지 질문을 함께 따라가면서 알아보자.

얼마나 자주 씻어야 할까? 1980년대 중학교 가정 시험에 '팬티는 며칠 만에 갈아입어야 하는가?'라는 문제가 나온 적이 있다. 말도 안 되는 문제다. 마땅히 '적어도 며칠에 한 번은 외음부를 씻어야 하는가?'라고 출제돼야 했다(팬티는 매일이든 매시간이든 갈아입어도 아무 문제가 안 되니까).

매일 샤워를 하면서 그곳을 뽀독뽀독하게 씻는 사람도 있는데, 자주 씻는 것은 오히려 좋지 않다. 질에서 질액이 분비되는데다가 몇 겹의 옷으로 늘 둘러싸여 있기 때문에 외음부는 축축하기 마련이다. 산부인과 의사들은 소음순에 피지가 쌓이거나 소변이나 대변에 오염되는 상황을 막으려면 일주일에 2~3회 정도 씻으라고 권한다. 매일 씻어야 하는 성격이라면 매일 씻어도 되지만, 외음부를 물기 없이 완전히 잘 말린 뒤 속옷을 입어야 한다.

비누로 씻으면 안 된다는데, 왜 그런 걸까? 정상적인 질은 피에이치 4.5 정도의 산성을 띤다. 이런 상태는 질내에 존재하는 세균들의 번식을 억제하는 젖산균 덕분에 유지된다. 정상적인 여성의 질내에도 칸디다균이나 트리코모나스 원충이 있지만, 보통 때는 산성이 강한 질내에서 일정 수준을 넘어 번식하지는 못한다. 이것이 '질의 자정 작용'이다. 그런데 깨끗하게 한답시고 알칼리성 비누로 계속 씻으면 산성이 알칼리성으로 바뀌어 오히려 세균이 쉽게 번식한다.

질의 산성도를 변화시키는 요인에는 비누뿐 아니라 시중에 나온 여성 전용 청결제도 있다. 산부인과 의사들은 각종 청결제를 사용하지 말라고 말한다. 독한 소독을 하면 곰팡이균뿐 아니라 질의 산성도를 유지하는 유익한 균들까지 죽이기 때문이다.

뜨겁게 팔팔 끓인 물을 식혀서 쓰면 안전하고 깨끗하다고 하지만, 매번 그렇게 하기가 쉽지는 않다. 그래서 평소에는 깨끗한 수돗물을 쓰고, 차갑거나 뜨겁기보다는 미지근한 편이 좋다. 비누를 쓰지 않으면 처음에는 좀 찝찝하지만, 자꾸 하면 익숙해진다. 꼭 비누를 써야겠다면 비눗기가 완전히 빠지게 헹궈야 한다.

'앞에서 뒤로'라는 방향을 기억하자. 씻을 때는 손이 앞에서 뒤로 나아가는 방향이 좋다. 대변을 본 뒤 휴지로 깨끗하게 닦아도 대장균 등은 남는다. 뒤쪽에서 앞으로 씻으면 손에 이런 오물이 알게 모르게 묻어 요도나 외음부 등으로 옮겨질 수 있다. 또한 질 안까지 손가락을 넣어서 씻는 버릇도 아주 좋지 않다. 외음부만 잘 씻으면 된다. '앞에서 뒤로' 원칙은 씻을 때뿐 아니라 용변을 본 뒤 닦을 때도 적용된다.

잘 말리기도 중요하다. 씻고 난 뒤에 물기를 잘 닦아야 한다. 음부를 닦을 때는 깨끗하게 삶은 수건이 좋다. 얼굴이나 몸을 닦은 수건은 쓰지 말자. 수건으로 닦아도 물기가 남을 수 있으니 헤어드라이어를 써서 살짝 말려도 좋다. 잘 말린 뒤 속옷을 입으면 된다.

마지막으로 소변을 본 뒤에 휴지로 닦는 사람이 많다. 소변이 소음순 등에 묻어 있기 때문이다. 그렇지만 결이 거친 휴지로 세게 닦으면 오히려 외음부의 점막에 미세한 상처가 날 수 있다. 휴지를 쓸 때는 세게 문지르지 말고 남은 소변을 제거한다는 느낌으로 살짝 눌러서 부드럽게 닦아낸다. 또한 가끔 청결을 믿을 수 없는 화장실에 있는 휴지라면 아예 닦지 않는 편이 낫다. 차라리 속옷을 자주 갈아입는 편이 외음부와 질을 보호하는 데에는 더 도움이 된다.

외음부에 생기는 질병

외음부 질병은 대체로 가려움을 동반하기 때문에 자칫 곤란한 상황에 놓일 수 있다. 가렵기는 한데 사람들 앞에서 손을 옮겨 막 긁을 수 있는 곳도 아니다 보니 몸만 비비꼬며 이러지도 저러지도 못한다.

외음부 가려움증

가려움 자체는 질병이 아니다. 그렇지만 가려움은 외음부에 어떤 식으로든 이상이 있다는 것을 말해준다. 여성의 외음부가 가려운 이유는 무척 다양하다. 꽉 끼는 청바지나 코르셋을 착용해도 통풍이 잘 안 돼 가려울 수 있고, 질염이나 자궁경관염 때문에 냉이 흘러나와 자극을 줄 수 있다. 트리코모나스라는 원충이나 곰팡이 종류인 칸디다균 감염 때문에 가려울 수도 있다. 당뇨병이나 간 기능 장애, 비타민 에이나 비타민 비가 결핍된 탓일 때도 있다. 또는 우울증 같은 정신적인 이유 때문에 가렵기도 한다.

가려움증의 원인은 오줌 오염, 습진 같은 국소적인 요인부터 질과 자궁 질환에 따른 외음부 자극, 당뇨병 같은 다른 신체 기관의 병세 등까지 아주 많은 요인에 바탕을 두기 때문에 섣불리 자가 진단하면 위험하다. 병원에 가기 부끄러워 혼자서 몰래 마구 긁다보면 외음부가 헐어 배뇨 때 쓰라리거나 더 큰 병으로 발전할 수도 있다.

가려우면 왜 긁게 될까? 가려움보다 아픈 느낌이 참기 쉽기 때문인데, 차라리 통증을 일으켜 가려운 느낌을 없애려 하는 자율 신경계의 반응이다. 그런데 밤에 자려고 따뜻한 이불 속에 누우면 더 가려워지기 때문에 밤새 잠을 못 이룰 수도 있다. 가려움이 느껴지면 먼저 외음부를 깨끗한 상태로 유지하고(외음부 세척법 참조), 면 속옷에 헐렁한 겉옷을 입으면 좋다. 그러고는 곧바로 병원에 가자. 항히스타민제나 스테로이드 계통의 주사나 약을 복용하고 연고를 바르면 가려움증은 쉽게 가라앉는다. 혼자 고민하면서 고생할 필요가 없다. 가려움의 원인이 곰팡이 감염이라면 항진균제를 쓰면 되고, 자궁경관염 같은 것이라면 알맞은 치료를 받아야 한다.

다시 한 번 강조한다. 외음부가 가려우면 흔히 비누나 여성 청결제로 더 자주 씻는데, 이런 방법은 더 심한 가려움증만 남긴다.

헤르페스(Herpes Genitalis, 음부 포진)

완치가 불가능한 성병이다. 헤르페스 바이러스가 감염돼 일어나는 질병으로, 주로 입술이나 각막 등 허리 위쪽에 나타나는 1형과 외음부 등에 나타나는 2형이 있다. 외음부의 헤르페스는 성기 접촉을 통해 전염되고, 구강의 헤르페스는 키스나 컵을 공유해도 전염된다. 주요 발병 원인은 섹스를 통한 헤르페스 바이러스 감염이지만, 스트레스나 월경 주기 등 알 수 없는 이유로 생기기도 한다.

외음부가 가려우면서 타는 듯하며, 발열이 일어나고, 주로 소음순과 질 내벽에 쌀알만 한 수포가 생긴다. 걷거나 소변을 볼 때 통증이 있다. 완치는 어렵지만, 전문의에게 진찰을 받고 항바이러스 제제나 인터페론 연고 등을 사용하면 어느 정도 치료할 수 있다. 잠복해 있으면서 증상을 유발하기 때문에 재발하지 않게 스스로 조심해야 하며, 다른 사람에게 전염시키지 않게 주의해야 한다. 헤르페스의 전염력은 종기(수포)가 있을 때 특히 강하지만 종기가 없을 때도 전염이 되기 때문에, 의심되면 곧바로 병원에 가서 확인해야 한다.

상대의 질에 삽입한 손으로 곧바로 자신의 외음부를 만지지 마라. 손을 통해 여러 세균이 전염될 수 있기 때문이다. 삽입을 마칠 때마다 일어나 씻으러 가는 번거로움을 피하려면 콘돔 등의 보조 기구를 사용하면 된다('BOOK 2'의 1장 섹스토이 참조).

사면발이증

사면발이증Pediculosis Pubis을 일으키는 사면발이란 이의 일종으로, 크기는 1~1.5밀리미터 정도이고 성적 접촉으로 음모에 전염돼 가려움을 일으킨다. 그렇지만 반드시 성적 접촉이 아니어도 사면발이가 옮

을 수는 있다. 사면발이는 숙주의 몸을 떠나도 24시간에서 며칠 정
도까지 살 수 있기 때문에 수건이나 시트, 옷을 통해 옮기도 한다.
겨드랑이나 눈썹에서도 발생하고, 침구나 의복을 통해서도 감염된
다. 일반 항생제로 치료할 수는 없고, 특수 연고를 써야 한다.

곤지름

곤지름Condyloma Acuminata의 원인은 콘딜로마 바이러스다. 질 내부나
소음순, 항문 주위에 사마귀처럼 돌기가 생겨난다. 별다른 증상은
없지만 치료를 해도 잘 재발한다. 전염될 수 있고, 미관상 보기 좋지
않기 때문에 치료를 받아야 한다. 사마귀를 없애는 일은 어렵지 않
다. 레이저나 냉동 요법을 이용해 제거할 수도 있고, 약물을 발라 치
료하기도 한다. 그렇지만 바이러스 자체를 완전히 없애지는 못한다.
치료를 받고, 재발하면 다시 치료 받는 과정을 반복해야 한다.

외음부 혹

미국에서는 매년 200만 명이 외음부 혹Gential warts에 감염된다. 질,
항문, 구강을 접촉하면서 전염된다. 외음부 표면, 요도 안, 질, 항문
등에서 자란다. 가렵기는 하지만 평평하고 말랑말랑하기 때문에 모
르고 넘어갈 수도 있다. 의료용 국부 크림을 포함해 냉동 치료나 제
거 수술 등으로 치료한다.

　외음부에 생기는 대표적 질병으로 칸디다 외음염이 있는데, 뒤

에 나오는 칸디다 질염하고 함께 설명하겠다. 이 밖에 알레르기성 외음염, 외음백선증, 위음궤양, 바르트린선낭종, 외음암(외음부 상피내 종양), 외음지방종 등이 있다.

여러 가지 질염

가장 흔한 질염은 칸디다 질염과 트리코모나스 질염이다. 성기 부위를 서로 부비거나, 성 기구를 같이 사용하거나, 벗은 상태에서 서로 다리를 밀착해 잘 때 감염된 질 분비물이 교환돼 전파될 수 있다.

칸디다 질염

칸디다라는 곰팡이는 원래 질내에 소량 존재한다. 보통 때는 성장이 억제되다가 질내 산성도가 정상 상태에서 어긋날 때 빠르게 번식한다. 또는 과로나 감기 때문에 지쳐 있거나 영양 상태가 부실할 때도 정상 이상으로 수가 증가한다(당뇨병도 주요 원인이 된다). 칸디다 곰팡이는 무좀을 일으키는 곰팡이류하고 같고, 구강이나 혀가 칸디다에 감염되면 흔히 '아구창'이라 부른다.

　질에서 두부 찌꺼기 같은 하양색 냉이 나오는데, 너무 심하면 질에 가득 찰 정도가 돼 참기 어려울 만큼의 가려움을 일으키기도 한다. 특별한 냄새는 없다. 외음부로 옮겨가면 칸디다 외음염이 되는데, 외음부가 빨갛게 부어오르고 소음순에 이끼 같은 하양색 태가 낀다.

치료는 항칸디다 질정을 질 속에 넣거나 질 크림을 사용한다. 진균 치료약을 증상이 없어진 뒤에도 꽤 긴 기간 복용해야 한다. 치료를 받는 동안에는 수영장이나 공중목욕탕은 이용할 수 없고, 팬티스타킹이나 거들은 되도록 입지 않는 것이 좋다. 완치 뒤에도 재발하기 쉽기 때문에 주의해야 한다. 전염은 되지 않는다고 알려져 있다.

트리코모나스증

트리코모나스 균은 질염에 걸린 여성의 몸에서 나와 물을 통해 다시 다른 여성의 질로 침투한다. 트리코모나스증Trichomonas은 공중목욕탕이나 수영장에서 전염될 확률이 높고, 레즈비언의 성기 접촉 섹스도 위험이 있다. 트리코모나스 균에 감염돼도 별다른 증상은 나타나지 않는다. 그러다 어느 날 갑자기 증식한다. 그렇기 때문에 커플 중 한쪽이 감염된 사실이 확인되면 다른 한쪽이 별다른 증상을 보이지 않아도 감염 가능성이 있으니 같이 치료받아야 한다.

황색 또는 회백색의 냉이 많이 나오는데, 초록색 냉이 나오면 제법 심해진 상태라는 뜻이다. 냉에는 작은 거품이 섞여 있고, 생선 비린내 같은 악취가 따른다. 또한 트리코모나스 질염을 반복하는 여성은 자궁경부암에 걸릴 확률도 높아진다. 반드시 완치를 해야 하고 재발하지 않게 조심해야 한다.

그 밖의 질염

질에서 분비물(냉)이 나오고 질 부위가 가려우면서 통증이 있는 상태를 질염이라고 한다. 칸디다 질염과 트리코모나스 질염이 아니어도 여러 가지 이유로 질염이 생길 수 있다. 자위 때 더러운 도구를 삽입하거나 삽입식 생리대를 너무 오래 넣어두는 것도 원인이 된다(질 속에 이물질을 넣고 관리를 잘못한 때 등 각종 유기체 때문에 질염이 발생한다). 질이나 요도, 항문 등의 점막은 보통 피부보다 얇기 때문에 세균이나 바이러스가 더 쉽게 침입한다. 지나치게 잦은 외음부 세척도 원인이 될 수 있다.

냉이 많아지고, 악취가 나며, 외음부가 화끈거리고, 심하게 가려워진다. 때로는 외음부가 붓거나 섹스 때 피가 보이기도 한다. 여성은 평생 여러 형태의 질염에 걸릴 수 있는데(포도상 구균이나 혐기성 박테리아 때문에 생기는 질염도 있다), 원인에 따라 치료 방법이 다른 만큼 의사를 만나 꼭 상담해야 한다.

질에서 분비물이 나온다고 해서 다 질병은 아니다. 보통 배란이나 월경 전에는 약간 갈색을 띤 분비물이 나오고, 월경 뒤에는 작고 하얀 덩어리가 있는 분비물이, 배란기에는 끈적거리는 분비물이 나오는데, 건강한 여성에게서 나오는 분비물들이니 걱정할 필요는 없다. 다만 정상적인 분비물일 때는 악취나 가려움이 없다.

자궁에 생기는 질병

자궁경부미란

자궁경부의 점막이 파괴되면서 경부가 빨갛게 짓무른 것을 말한다. 많은 여성이 한 번쯤 겪는 흔한 증상이다. 배란기에 속옷이 젖을 정도로 분비물이 많아지고 외음부가 헐기도 하지만, 악취는 없다. 휴지에 묻을 정도로 적은 출혈이 있고 분비물에 실 같은 피가 섞여 나오기도 한다. 종종 저절로 치료되기도 하는데, 출혈이 계속되면 산부인과에 가는 것이 좋다.

골반염

여성 7명 중 1명꼴로 골반염이 발생한다는 통계가 있을 정도로 흔한 질환이다. 자궁, 난관, 난소 부위 등 여성 생식기에 염증이 생기는 것을 말한다.

주된 원인은 클라미디아나 임질균의 전염이다. 처음에는 아랫배만 살살 아프지만, 증상이 진행되면서 난관의 내벽을 폐쇄시키거나 외벽 주위를 유착시켜 불임을 일으키기도 한다. 심각해지면 자궁을 들어내야 할 수도 있다.

냄새와 냉이 심하고 소변을 볼 때 통증이 느껴진다. 아랫배가 콕콕 찌르듯이 아프기도 하다. 심하면 구토, 고열, 오한이 동반되고, 염증이 아주 심각하면 사망에 이를 수도 있다. 골반염을 예방하려면 성병 예방에 신경써야 한다. 골반염 자체는 성병이 아니지만, 성병의 부산물로 나타나는 증상이기 때문이다.

자궁경부암

암치고는 특이하게 '성병'에 속한다. 아직 원인이 정확하게 밝혀지지는 않았지만 '유두종 바이러스' 때문에 발생한다. 출산을 많이 하거나 일찍 성을 경험하거나 트리코모나스 질염을 반복한 여성에게도 나타난다고 하는데, 이런 상황에 놓인 사람들 사이에 감염되는 경우가 많다는 뜻일 뿐 출산이나 일찍 섹스를 하는 것 자체가 직접적인 원인은 아니다.

또한 흡연에도 깊이 관계된다는 연구 결과도 있지만, 마찬가지로 직접적인 원인은 아니다. 초기에는 통증이 없고 냉이 증가하는 정도일 뿐 별다른 특징을 보이지 않기 때문에 35세 이상의 여성은 1년에 한 번 암 검진을 받아 초기에 발견하는 것이 좋다.

클라미디아

클라미디아 트라코마티스균Chlamydia trachomatis 감염에 따른 요도염이나 자궁경부염 등의 성기 부위 질환이다. 여성에게는 자궁경부염의 형태로 나타난다. 이 병은 남성보다 여성에게 영향을 많이 미친다. 생각보다 흔한 성병이다. 증상이 없다가 합병증이 생기면서 갑자기 나타난다. 질 분비물에서 이상이 나타나고, 배뇨 때의 통증, 위통, 성행위 뒤 질 출혈 등이 주요 증상이다. 항생제를 일주일 동안 복용하면 낫는다.

유방에 생기는 질병

증상과 치료

일반적으로 통증은 없지만 딱딱하고 표면이 불규칙한 몽우리가 만져진다. 또는 한쪽 젖꼭지에서 피가 섞인 유즙이 나오거나, 유방 피부나 유두에 함몰이 생기면 질병을 의심할 수 있다. 몽우리가 생긴다고 해서 모두 유방암은 아니기 때문에 유방 엑스선 촬영이나 초음파 검사를 해야 한다.

월경 주기가 가까워질 때 통증하고 함께 잡히는 몽우리는 유방 조직의 정상적인 호르몬 반응이다. 30대 초반까지 만져지는 몽우리 중에서 매끄럽고 부드러우면서 주위 유방 조직하고 경계가 확실하며 잘 움직여지는 것은 양성 종양으로, 특별히 치료할 필요가 없다.

유방암 치료는 유방과 겨드랑이 부위의 림프절을 동시에 제거하는 수술이 일반적이다. 일찍 발견하지 않으면 유방을 잘라내야 하기 때문에 35세가 넘으면 유방암 예방에 유의해야 한다.

자가 검사법

유방암을 일찍 발견하려면 유방 자가 검진과 의사의 진찰, 유방 엑스선 촬영이 있다. 유방암의 80퍼센트 이상은 자가 검진을 해 발견할 수 있는 만큼 20대 이상의 여성이라면 평소에 샤워하거나 잠자리에 들기 전에 검진하는 습관을 들일 것을 권한다. 검사 시기는 월경을 한 일주일 뒤가 좋고, 완경기 여성은 한 달에 한 번 같은 날을 정해서 한다. 세 가지 방법을 소개한다.

첫째, 샤워를 하면서 왼팔을 들어올리고 오른쪽 손가락의 평평한 면에 비누 거품을 묻혀 왼쪽 유방의 바깥쪽에 올려놓는다. 손가락에 힘을 줘 비비듯이 유방 위에서 젖꼭지 쪽으로 작은 동심원을 그린다. 몽우리나 혹 또는 피부가 두꺼워진 부분이 있는지 찾는다. 왼쪽이 끝나면 오른쪽도 같은 방법으로 한다.

둘째, 거울 앞에 선 김에 손을 머리 뒤에 얹고 깍지를 낀 다음 두 팔을 앞으로 내민다. 가슴 근육을 긴장시키면 유방의 형태를 잘 관찰할 수 있다. 손을 엉치뼈에 얹고 몸을 앞으로 숙인다. 유방의 크기나 모양이 변하지 않았는지, 함몰 부위는 없는지, 색깔이 변한 부분은 없는지를 관찰한다. 평소에 잘 봐두면 모양이 변한 사실을 쉽게 알아챌 수 있다.

셋째, 잠자기 전에 타월이나 베개를 어깨 밑에 넣어 유방이 편평해지게 한 다음 왼손으로 머리를 베고 눕는다. 오른손으로 왼쪽 유방을 검사한다. 손가락을 펴고 가볍게 누르면서 유방의 가장 바깥쪽에서 시작해 서서히 유두 쪽으로 동심원을 그리면서 몽우리가 진 곳이 없는지 검사한다. 왼쪽이 끝나면 오른쪽을 같은 방법으로 검 사하면 된다.

핫한 비법과
쿨한 조언

1

섹스에서 대화가 중요하다는데, 어떻게 대화해야 할까요?

대화가 중요한 이유는 대화를 하지 않으면서 즐겁고 행복하게 살기란 어렵기 때문입니다. 간단하고 분명한 이유죠. 우리는 모두 다 다른 사람들입니다. 생김새나 성격뿐 아니라 성감대도 다르고, 좋아하는 체위도 다르고, 표현 방법도 다릅니다. 그날그날의 컨디션이나 기분에 따라서도 매일 달라집니다. 이런 변수를 통제할 방법을 찾아야 하는데, 그 방법이 바로 대화입니다. 묻고 답하는 과정을 통해 상대에 관해서도, 나 자신에 관해서도 더 잘 알게 되죠. 상대를 모르는데 어떻게 상대를 애무할까요? 내가 나를 모르는데 상대에게 무엇을 요구할까요?

섹스에 관한 문제나 불만으로 이야기를 나눠야 할 때는 되도록 중간에 다른 사람들의 방해를 받지 않고 이야기를 나눌 수 있는 시간과 장소를 택하세요. 심각한 분위기로 이야기를 하고 내 느낌과 생각을 충분히 전달하지 못하면 '저 사람은 나랑 하는 섹스가 싫었구나'라고 오해하고 상처받아 마음의 문을 닫을 수 있으니, 외부 영향을 받아 대화가 중단되지 않게 하세요. 집 앞에 산책을 나가 거리를 걷거나 한가롭게 차 한잔을 나눌 때가 좋습니다. 가장 피해야 할 때는 막 섹스를 마치고 난 뒤입니다. 섹스를 하면서 섹스에 관련된 불만을 이야기하는 습관은 좋지 않습니다. 섹스에 관한 불만을 계속 쌓아둬도 안 되지만, 바로 그 자리에서 해결하려 해도 안 됩니다.

전희에 불만이 있으면 전희가 충분하지 않다는 말을 하지 말고 애무를 좀더 많이 해주면 좋겠다고 말하면 됩니다. 어떻게 해줄 때가 좋았고 이런 때는 저런 느낌을 받았다고 자세하게 설명하는 것도 방법입니다.

둘째, 들은 말이 있어도 다른 사람들은 어떻게 섹스한다더라고 절대 비교해서 말하지 마세요. 사람마다 성감대도 다르고, 좋아하는 자극 방식도 다르고, 오르가슴에 이르는 시간도 다릅니다. 다른 사람의 경험담이나 전 애인을 만날 때의 기억은 참고 사항일 뿐입니다. 비교하거나 그대로 재현되기를 바라지는 마세요.

또 하나의 좋은 대화 방식은 각자 숨겨놓은 성적 판타지를 공유하는 겁니다. 침대에 누워서 자신만의 공상에 관해 수다를 떠는 거죠. 어떤 영화에 나오는 어떤 장면처럼 하고 싶다고 생각한 적 있다거나 이런 건 어떨까 하고 상상도 해본다는 식으로 대화를 나누다 보면 더 다양한 섹스를 할 수 있게 됩니다.

애인하고 동거 생활을 잘하는 비법은 뭘까요?

2

일단 이렇게 마음을 먹어야 합니다. 애인이든 아니든 원래 다른 사람하고 함께 살기는 쉬운 일이 아니라고 말이죠. 그러니 동거 생활이 힘들다고 해서 애인을 잘못 만난 탓이라든지 애인하고 안 맞는 탓이라고 생각할 필요가 없습니다. 함께 살기는 원래 힘듭니다. 오히려 이런 장점이 있지요. 다른 사람이 아니라 애인이기 때문에 '내가 더 양보해도 좋다'고, '양보를 좀 해달라고 요청하기도 쉽다'고 생각하세요. 그럼 동거 생활에서 오는 어려움을 대화와 행동으로 해결하는 데 도움이 됩니다. 자, 다시 정리할게요. 이렇게 외우세요. "원래 동거는 힘든 일이고, 그나마 애인이어서 동거하기가 좀 낫다."

동거인끼리 싸우는 가장 큰 이유는 대개 두 가지입니다. 첫째는 빨래, 청소, 설거지 같은 집안일 배분이고, 둘째는 말투입니다. 보통은 각자 20년 넘게 서로 다른 곳에서 다른 스타일로 살다가 만났으니 뭐든지 다르게 행동하는 상황이 오히려 자연스럽습니다. 누군가는 치약을 밑부터 짜고 누군가는 중간부터 꾹 누르다는 고전적인 문제부터 말입니다. 집안일을 동거하는 사람이 나눠서 맡아야 한다는 원칙은 정말 기본이기 때문에 더 말하지 않겠습니다.

서로 좀더 잘하거나 자신 있는 일을 하기로 정하고, 정해진 일에서는 전문가가 된다는 자세로 지내면 거의 다툼이 없어집니다. 설거지와 빨래를 맡은 나는 꼬박꼬박 잘하는데 너는 왜 청소를 안 하느냐는 식이 될 때 싸우게 되니까요. 그럼 미안하다거나 바쁘고 피곤해서 깜박했다 같은 변명을 하게 되고, 여기에 너만 바쁘냐는 말이 나오면서 싸움이 되죠. 그러면 누구나 이런 생각을 하게 됩니다. '아, 차라리 혼자 사는 게 낫겠다.' 이러면서 애정이 식는 거죠.

"제발 그런 식으로 말 좀 하지 마!" 사귄 지 이삼 년 넘은 커플은 이런 식의 싸움이 잦아집니다. 어떤 때는 짜증, 어떤 때는 잔소리, 또 어떤 때는 무심한 말들입니다. 신경을 거스르는 표현이고, 내가 듣고 싶던 말이 아니라는 뜻이죠. 지적받는 부분은 고치려 노력해야 하고, 만약 고치기가 너무 힘들면 양해를 구해야 합니다. 대신 자기도 뭔가 하나를 더 하거나 상대의 다른 점도 양해해야겠죠. 한쪽만 양해한다는 느낌이 들지 않게 하는 일도 중요합니다.

나는 무척 노력하는데도 상대가 좀처럼 변하지 않으면, 그래서 대화나 협상의 결과들이 그다지 빛을 발하지 못하면, 마지막으로 이런 조언을 드립니다. 헤어지십시오. 당신의 남은 삶을 함께 보낼 가

치도, 이유도, 명분도 없는 사람일 가능성이 높으니 헤어지는 편이 낫습니다.

그림 16. 할머니의 사랑과 성. 나이가 든다고 해서 성생활이 사라지지는 않는다. 나이든 자신의 모습을
상상하면서, 자위를 하거나 사랑하는 이하고 나누는 따뜻한 스킨십을 떠올리면 점점 변해가는 자신의
몸을 긍정하는 데도 도움이 된다.

나이가 들어서도
성생활을 즐길 수 있을까요?

3

당연합니다. 당신은 나이가 들어서도 섹스를 즐길 거예요. 그러려면 지금부터 늘 상상하세요. 울퉁불퉁 주름진 피부를 어루만지는 일, 나이는 많이 들었지만 그래도 상대의 알몸을 따뜻하게 안고 잠드는 일을 말이죠. 대중 매체나 영화 등에서 우리는 노인의 로맨스를 좀처럼 보지 못하기 때문에 이런 상상을 하기 어렵고, 그렇다 보니 나이든 자기 모습에 스스로 혐오감을 갖기도 합니다.

나이가 들면서 점점 자위나 성관계를 하는 횟수가 줄어드는 이유는 성욕이 줄어들기 때문이 아닙니다. 늙으면 섹스하고 무관해지기 때문이 아니라, 나이가 들면서 섹스보다 당장 더 중요하고 긴급한 일이 많아지기 때문이죠. 우선순위가 바뀌기 때문이고, 한편으로는 어쩔 수 없는 일이기도 합니다.

먹고살아야 한다, 돈을 모아야 한다, 대출을 갚아야 한다가 우선순위가 되는 일이 반드시 나쁘지만은 않으니까요. 다만 그렇게

40대와 50대를 보내고 나서 60대가 되면 섹스는 이미 나하고는 다른 세계의 일처럼 느껴지게 됩니다. 그래서 성욕이 줄었다, 우리는 섹스리스다, 애정이 식었다, 나이 탓이다 같은 말들로 합리화하고 넘어가게 되죠.

물론 나이가 들면 몸이 변화합니다. 질 점액의 분비량이 줄고, 자극에 둔감해지고, 성적 환상과 공상이 줄어들며, 아무래도 집중력이 줄어들죠. 잡생각이 많아져서 성관계를 할 때 예전만큼 몰입하기가 어렵기도 합니다. 그렇지만 흐르는 시간 속에 모든 것이 달라졌는데 성관계에서만 예전하고 똑같이 느껴야 할 필요가 있을까요? 그게 좋기만 한 걸까요?

당신이 섹스에 관한 막연한 꿈을 그릴 때 늙어서도 파트너하고 함께 서로 몸 구석구석까지 예쁘다고 쓰다듬어주는 장면까지 떠올릴 수 있기를 바랍니다. 미리 상상해두는 만큼 나이가 들어서도 즐거운 성생활을 누릴 수 있습니다.

멀티 오르가슴을 느낄 수 있는
비법은 뭘까요?

4

다중 오르가슴이라고 하기도 하고, 멀티 오르가슴, 연속 오르가슴 이라고 부르기도 합니다. 한 번으로 끝나지 않고 놀이동산에서 놀 이기구를 타듯이 계속 올라갔다 내려오고 다시 올라가는 오르가슴 을 뜻합니다. 만약 당신이 '연속해서 오르가슴'을 느끼고 싶으면 그 럴 수 있는 방법을 연구해야 합니다.

웬디 캐스터Wendy Caster의 《레즈비언 섹스북The Lesbian Sex Book》에 실린 어느 레즈비언의 증언을 참고해볼까요. 여러 번 오르가슴을 느끼는 비법을 알려줍니다.

여성하고 섹스를 하면서 처음으로 연속된 오르가슴을 느꼈죠. 그전에는 불가능하다고 생각했어요. 처음 파트너가 계속 계속하기를 바라서 조금 걱정했는데, 가능하더라고요. 성공한 뒤에 든 생각은 '이것이 된다'보다 는 '배울 필요가 있다'였어요. 리듬을 배워야 해요. 이를테면 한 번 오르가슴을 느낀 뒤에는 바로 클리토리스를 만지는 자극은 바라지 않는다는 사실을 알았죠. 몇 분간은 그냥 둔 뒤 부드럽게 다시 혀로, 손가락으로 자극하는 거죠.

멀티 오르가슴, 연속 오르가슴의 원리는 오르가슴을 다룬 부분('BOOK 1'의 2장)을 참고하시면 됩니다. 핵심은 이것이에요. 혈액이 클리토리스와 요도, 질, 자궁까지 몰려서 흥분이 최고조에 이르는 현상을 오르가슴이라고 할 때, 최고조에 도달했다가 내려오면서 긴장한 근육이 풀리고 혈액이 다시 빠져나가는 데 10분에서 최대 20분 정도가 걸립니다. 이런 긴장이 다 풀리기 전에 새로운 자극을 받아 절정으로 다시 치달아 오르게 하면 됩니다. 너무 단순해 보이겠지만, 이것이 바로 멀티 오르가슴의 원리죠('BOOK 1'의 3장과 4장, 'BOOK 2'의 3장을 참고하면 됩니다).

이성 간 섹스와 동성 간 섹스는
다르지 않나요?

5

차이는 당연히 있죠. 그런데 차이 자체는 아무 문제가 아닙니다. 차이가 없어야 할 이유도 애당초 없으니까요. 차이가 있다는 질문 자체에 다른 면이 감춰져 있을 거예요. 이를테면 좋고 나쁨이 있는지나 옳고 그름이 있는지 같은 것처럼 말이죠.

그런데 이렇게 생각해보세요. 이성 간 식사와 동성 간 식사의 차이는요? 이성 간 합창과 동성 간 합창의 차이는요? 차이가 없지는 않지만, 이를테면 얼마나 맛있는 음식을 함께 먹는지, 또는 얼마나 목소리가 잘 조화하는지 등이 더 중요하지 않을까요. 이성 간이나 동성 간이라는 차이보다는 누구와 누가 함께하느냐 하는 개별적 고유함이 빚어내는 차이가 더 중요하다는 점을 알 수 있습니다.

섹스에서 가장 중요한 기준은 폭력적인지 아닌지, 평등한지 아닌지, 즐거운지 아닌지입니다. 이성 간 섹스든 동성 간 섹스든 서로 얼마나 만족하는 교류를 할지를 중점에 둬야 하는데, 이성 간 섹스의 뻔한 패턴들은 사람을 지치게 하죠. 동성 간 섹스를 향한 사회적 터부와 혐오가 사람을 슬프게 하죠.

성과학자들은 엄밀히 따지면 동성 간 섹스가 이성 간 섹스보다 만족도가 높을 수밖에 없다고 말합니다. 나와 상대의 몸에 관한 이해도가 동성 간에 더 높을 수밖에 없다는 점, 몸 말고도 일상생활의 문화까지 공유하기 때문에 몸짓과 눈짓을 잘 이해해서 더 자연스럽게 보디랭귀지를 나눈다는 점, 미리 정해진 형식과 구실이 없기 때문에 더 풍부한 성적 상상력을 발휘하고 새로운 시도를 한다는 점 등을 장점으로 꼽습니다. 이렇게 보면 오히려 이성 간 섹스를 하는 이들이 동성 간 섹스의 장점을 배우기 위해서 이성 간 섹스와 동성 간 섹스의 차이를 고민해야 할지 모르겠습니다.

여성 간 섹스에서 삽입하는 쪽도
오르가슴을 느낄까요?

6

손가락이나 딜도 삽입을 하는 쪽은 무엇으로 만족감을 느끼는지, 오르가슴을 느낄 수 있는지 궁금해하는 사람이 많습니다.

페니스에는 압박을 받으면 성적으로 흥분하게 되는 감각 기능이 있지만, 만약 손가락에 그런 예민한 감각이 있으면 밥을 먹으려고 숟가락을 잡는 일도 힘들어질 겁니다. 그렇다면 질의 입구가 손가락을 꽉 죄어올 때 오르가슴을 느낀다는 어느 레즈비언의 말은 거짓말이거나 착각일까요?

그렇지만 레즈비언들 중에는 절대 삽입을 받지는 않고 삽입을 하는 쪽만 고수하는 사람도 있는데, 이 사람들이 단지 남자인 척하고 싶어서 별 재미도 없는 섹스에 몰두하는 걸까요?

이 문제를 다룬 의학적 분석 결과가 있는지는 모르겠지만, 제가 수집한 많은 이들의 증언을 토대로 말하면 대답은 '당연히 가능하다'입니다. 알다시피 성행위를 하는 기관은 성기일지 모르지만, 정작 성적 흥분을 느끼는 주요 성기관은 성기가 아니라 바로 훨씬 위쪽에 있는 '머리'입니다. 야한 그림을 보거나 상상을 하는 일만으로 몸이 뜨거워질 수 있다면, 상대를 위해 온 정성을 다해 애무할 때 상대의 얼굴에 퍼지는 기쁨을 바라보면서, 이를테면 손가락의 조임이 상대가 흥분한 정도를 말해주는 만큼 손가락에서 느껴지는 압박은 희열로 느껴질 수 있죠. 이런 식으로 성적 만족감의 극치를 느끼는 일은 가능합니다. 심장이 빠르게 뛰면서 혈액 순환이 빨라지고 숨이 가빠지죠. 롤러코스터를 타고 한 단계씩 올라가는 기분이 느껴집니다. 체온이 올라가면서 몸이 뜨거워진다는 느낌을 받죠. 그러다 두 사람이 동시에 절정에 올라갔다고 느껴질 때 탁 하고 긴장이 풀리면서 온몸의 근육이 풀어집니다.

우리가 남녀 간의 섹스법만 익숙하고 삽입하는 쪽의 오르가슴을 사정으로 인식하기 때문에, 두 여성 간의 섹스나 섹스토이를 사용하는 섹스에서 한쪽은 느끼지 못한다고 쉽게 생각할 뿐입니다.

오르가슴은 신이 주는 선물이라는데, 특별히 삽입 위치에 따라 주거나 안 주거나 하실 리가 없다고 생각하면 더 간단합니다. 더군다나 신은 오르가슴을 느끼든 말든 누구나 자기만의 방식으로 행복을 느낄 수 있게 하는 부분도 신경쓰셨어요. 그러니 오르가슴은 특정한 방식만으로 가능하다고, 누구나 일평생에 반드시 한 번은 느껴야 한다고 전제하지는 마세요.

케겔 체조가
뭔가요?

7

케겔은 이 운동법을 개발한 산부인과 의사의 이름입니다. 아놀드 케겔Arnold Kegel은 기침이나 재채기를 할 때 자기도 모르게 소변이 찔끔 나오는 요실금 증상을 치료할 방법으로 이 체조를 고안했습니다.

치료 원리는 이렇습니다. 골반의 아래쪽, 우리가 보통 가랑이라고 할 때 떠올리는 외음부부터 항문까지 이어지는 곳에 근육이 하나 있습니다. 바로 치골미골근pubococcygeus muscle입니다. 두덩꼬리근이라고 불리기도 하는 이 근육은 세 개의 구멍이 있는 긴 끈 같은 모양이라고 상상하면 됩니다. 바로 이 근육에 요도, 질, 직장까지 세 개의 관이 끼워져 있죠. 이해가 되죠? 이 근육 덕분에 몸안의 장기들이 아래로 처지지 않죠. 기침을 크게 하면 아랫배에 힘을 주게 되는데 이때 골반 쪽 장기들을 보호하는 구실도 하고, 임신을 하면 점점 무거워지는 자궁의 무게를 떠받치는 구실도 합니다.

예전 사람들은 케겔 체조가 필요 없었습니다. 이 체조는 의자에 앉는 시간이 많아진 현대인들에게 도움이 됩니다. 좌식 생활을 하면서 골반 근육을 덜 쓰게 됐거든요.

우리가 소변이나 대변을 참을 때 힘을 꽉 주게 되는데, 이때 바로 치골미골근을 움직여서 요도나 직장의 끝부분을 꽉 쥐어서 새어 나오지 못하게 하는 겁니다. 질 입구도 조이는 기능을 하겠죠. 앞에서 질의 민감한 부분이 앞쪽에 있다는 이야기도 계속 했죠. 그러니까 이 치골미골근을 잘 단련하면 요실금도 막을 수 있고, 섹스를 할 때 삽입을 받는 쪽이나 하는 쪽이나 모두 더 큰 만족감을 느낄 수 있습니다.

치골미골근이 강화되고 있는지를 스스로 확인하는 방법도 있습니다. 질에 손가락을 넣어 단단하게 조이는 정도를 알아보면 됩니다.

레즈비언에게 생기기 쉬운 질환이 뭘까요?

8

없습니다. 레즈비언이라고 해서 레즈비언이 아닌 사람보다 더 잘 걸리는 질환은 없습니다. 예전에는 폐암이나 간암이 그렇다는 이야기가 있었습니다. 술과 담배를 많이 하는 사람들이 걸리기 쉬운 질환이죠. 그런데 딱히 레즈비언이라서 이런 병에 자주 걸린다기보다는 사회적 차별과 편견 때문에 겪는 스트레스가 원인입니다.

수유를 하지 않기 때문에 유방암에 걸린다거나 남자하고 섹스를 하지 않아서 자궁암에 걸린다는 말도 떠돈 적이 있습니다. 이런 소문이 정말이라고 해도, 레즈비언이라서 딱히 문제는 아니죠. 레즈비언도 인공 수정이든 또 다른 방식이든 임신 등을 통해 아이를 낳고 기를 수 있게 하면 해결됩니다. 오히려 반드시 결혼을 한 남녀에게만 인공 수정이나 입양 등을 할 기회를 주는 제도가 더 문제죠.

생각해보면 여성은 남자하고 섹스를 안 해도 자위하거나 같은 여성하고 섹스를 하면서 즐거운 성생활을 할 수 있는데, 인체에 꼭 필요한 영양분이 페니스에서 분비돼서 흡수해야 하는 상황도 아닌 다음에야 남자하고 섹스를 안 했다고 해서 몸이 더 아플 리는 없죠.

동성 간에도 두 사람이 오르가슴을 동시에 느낄 수 있을까요?

9

이런 질문을 종종 받습니다. 그런데 동성 간에도 가능하냐는 물음이 인상적이에요. 그럼 이성 간에는 동시에 오르가슴을 느끼는 일이 가능할까요? 영화를 보면 그런 것 같아 보이지만, 실제로 이성 간에도 그렇게 쉽지는 않습니다. 한쪽은 빠르게 흥분하고 다른 한쪽은 완만하게 상승 곡선을 그리지요. 그러므로 동시에 오르가슴을 느끼려면 한쪽이 속도를 늦추든지 올리든지 해야 합니다. 속도를 조절하려면 또 다른 노력이 필요하지요. 그러므로 동성 간에도 동시에 오르가슴을 느낄 수 있느냐고 물으실 때 이성 간에는 이런 일이 당연히 가능하다고 전제하셨다면, 그런 전제는 틀렸다고 먼저 밝혀드립니다. 사실은 오히려 동성 간이 훨씬 더 동시에 오르가슴을 느끼는 데 성공할 가능성이 높습니다.

함께 절정에 오르는 방법으로는 트리바디즘, 69 체위, 양방향 딜도를 이용한 동시 삽입, 뮤추얼 마스터베이션Mutual Masturbation, 곧 상호 자위가 있습니다. 다른 체위는 앞서 살펴봤으니 여기서는 상호 자위만 설명하겠습니다.

먼저 파트너하고 마주 보고 앉거나 눕거나 섭니다. 그러고는 상대가 자극에 적응할 수 있게 클리토리스를 부드럽게 만집니다. 분위기를 만들려면 은밀한 대화를 나눕니다. 상대가 무엇을 좋아하는지 물어본다든지, 소음순을 어떻게 자극해야 좋은지, 클리토리스를 만져줄지, 질 삽입을 할지 등을 이야기하면서 기호와 리듬을 서로 알아두면 좋습니다. 키스하고 어루만지고 안아주면서 두 사람은 서서히 절정을 향해 갑니다. 흥분을 느끼면 팔에 힘이 빠지기 쉽지만, 중도에 포기하지 않으면 동시에 오르가슴에 도달할 수 있습니다.

물론 이론과 실제는 다를 수 있어요. 그대로 적용하고 체화하기가 쉽지 않지요. 그래서 마지막으로 덧붙입니다. 꼭 동시에 느껴야만 하는 것은 아니니까 너무 애쓰지 마세요. 어쩌면 그저 더 자주 하다 보면 어느 날 자연스럽게 경험하게 될 거예요.

10

레즈비언이 산부인과에 가면
의사가 레즈비언인 걸 알아챌까요?

이런 걱정을 하시는 분들이 많아서 산부인과 전문의들에게 직접 물어본 적이 있습니다. 모두 그렇지는 않다고 말씀하십니다. 그러니 의사가 내가 레즈비언 사실을 알아채고 같이 간 엄마에게 당신 딸이 레즈비언이라고 말하거나 간호사들에게 소문을 내면 어떻게 하냐고 걱정하실 필요는 없습니다.

산부인과를 가면 진찰 전에 문진표를 작성하거나 몇 가지 사전 질문을 합니다. 그때 '성 경험이 있냐'고 물어보기도 하는데, 많은 레즈비언이 어떻게 답해야 할지 고민하죠. 이때 말하는 성 경험은 분명히 남성하고 섹스한 적이 있는지, 페니스 삽입을 한 적이 있는지, 임신 가능성이 있는지 등을 물어보는 단어일 텐데 싶어서 말이죠.

"아뇨, 남성하고는 없습니다." 이렇게 말해야 할까요? "아뇨, 여성하고만 있습니다." 이렇게 말해야 할까요? "없어요." 아니면 이렇게 그냥 모른 척하면 될까요?

문진 과정에서 성 경험이 있느냐고 물을 때는 동성이든 이성이든 삽입 섹스 경험이 있으면 그냥 있다고 말하면 됩니다. 보통 이 질문은 삽입 섹스 경험 유무나 출산 경험 유무에 따라 치료 과정에서 쓰는 도구를 무엇으로 할지를 선택하려고 묻기 때문입니다.

　　반드시 의사에게 레즈비언이라고, 바이섹슈얼이라고, 또는 동성을 상대로 한 성 경험도 있다고 말할 필요는 없습니다. 그렇지만 의사가 페니스 삽입만을 상상한 상태에서 아프게 된 이유를 파악하고 진단한다면 정작 내게 필요한 조언을 얻지 못하겠죠. 그래서 의사에게 '손가락을 이용한 섹스'를 하거나 딜도 같은 섹스토이를 사용하는 편이라는 식으로, 또는 삽입 섹스는 한 적이 없고 오럴 섹스만 해본 적 있다는 식으로, 정체성이 아니라 내가 주로 하는 섹스 방식에 관해 이야기하면 됩니다. 이 말을 들으면 나를 레즈비언이라고 생각할 텐데 하는 걱정도 되겠지만, 접어두세요. 의사가 알든 말든 무슨 상관이냐는 태도를 추천합니다. 정말 별로 상관없습니다.

　　마음이 많이 불안하면 성소수자 인권 단체로 연락해 성소수자 친화형 병원을 알려달라고 해보세요. 믿을 수 있는 의사를 찾아가는 적극적인 자세도 중요하니까요. 그렇지만 그런 병원을 찾느라고 지금 당장 몸이 아픈데도 참고 시간을 늦추기보다는 가까운 산부인과를 먼저 찾아가기를 권합니다. 일단 몸이 어떤 상태인지 검사를 받은 뒤에 좀더 복잡한 진료를 해야 하고 심리적 안정도 중요하다고 생각되면 그때 성소수자 친화형 병원을 가는 방법도 있으니까요.

11

지스폿 말고도 피스폿과 유스폿, 에이스폿은 뭔가요?

지스폿이 인기를 끈 뒤 여러 스폿들이 생겨나기 시작했습니다. 사람들이 이름을 만들어서 붙이는 거죠.

지스폿은 앞서서 다뤘습니다. 질 입구에서 3~4센티미터 정도에 있고, 손가락을 넣을 때 두 마디 정도가 들어간 부분에서 만져지는 질 윗벽, 곧 요도와 질벽이 맞붙어 있는 곳이 지스폿입니다. 또한 여기에는 여성 전립선이라고 불리는 스켄선이 있어서 지스폿을 자극하면 여성도 사정을 할 수 있다는 점을 자세히 설명했습니다.

피스폿은 자궁 질부^{子宮膣部}를 자극점으로 합니다. 자궁 질부는 라틴어로 '포르티오 바지날리스 우테리^{Portio vaginalis uteri}'이고 영어로 '바지널 포션^{vaginal portion}'인데요, 여기서 머리글자를 따와서 피스폿이라고 하죠. 앞에서 자궁경부는 여러 번 언급됐지만 자궁 질부라는 단어는 처음 나왔습니다. 여기는 또 어디야 싶을 텐데요, 같은 말이라고 생각해도 크게 틀리지 않습니다. 자궁 질부는 자궁경부 중

그림 17. 여러 스폿의 위치.

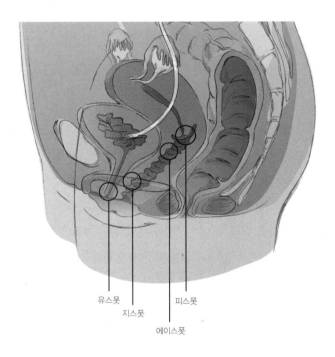

유스폿
지스폿
피스폿
에이스폿

에서 질 쪽으로 돌출돼 나와 있는 부분을 가리키는데, 길이는 2센티미터 정도 됩니다. 앞에서 자궁경부를 자극하면 좋아하는 사람도 있다고 했는데요, 이런 경우 피스폿 자극을 좋아한다고 말할 수 있습니다. 질은 안쪽으로, 곧 자궁경부 쪽으로 가까울수록 신경이 줄어들기 때문에 질벽 자체가 자극을 받지 않고 자궁경부에 연결된 신경이 자극을 받으며, 대신 자궁이 흔들리는 느낌이 쾌감으로 바뀝니다. 피스폿은 후배위로 할 때 자극하기가 조금 더 좋습니다.

유스폿U-spot은 '요도Urethra'의 머리글자를 땄습니다. 요도 자극을 뜻하죠. 요도 자극도 앞에서 이미 설명했습니다. 외음부의 구조를 보시면, 클리토리스와 질 입구 사이에 요도 입구가 있습니다. 우리는 여성에 견줘 남성의 몸에 관한 정보를 더 많이 알고 있습니다. 그래서 페니스는 귀두가 민감하다고 상식처럼 알고 있습니다. 그렇지만 귀두는 남성에게만 있는 기관이 아닙니다. 발생학적으로 여성과 남성은 같기 때문에, 여성에게도 굳이 말하면 귀두에 해당하는 부분이 있죠. 그래서 클리토리스, 요도, 소음순이 모여 있는 부분, 곧 요도를 중심으로 한 외음부가 민감합니다. 이 부분을 자극하는 방식을 좋아하는 사람도 많아서 유스폿이라는 말이 생겨났습니다.

에이스폿A-spot은 '전원개 성감 영역Anterior Fornix Erogenous Zone'의 앞 글자를 딴 말입니다. 풀어서 해석하면 '자궁경부 앞쪽의 성적으로 민감한 부분'이라는 뜻이 됩니다. 에이스폿은 1989년 말레이시아의 추아 치 앙Chua Chee Ann 박사가 발견했다고 알려져 있습니다.

추아 치 앙 박사는 성관계 때 질액 분비가 원활하지 않은 여성들을 연구하다가 에이스폿을 자극하면 빠르게 흥분해 질액이 분비된다는 사실을 알게 됩니다. 연구 결과가 1993년에 발표되는 바람에 1990년대 들어 대중적으로 알려집니다. 등을 대고 누운 상태에서 손가락이나 딜도를 삽입하면 방광과 자궁경부 사이에 닿는 곳이 있는데, 그곳이 바로 에이스폿입니다. 쉽게 말해 지스폿에서 더 안으로 깊게 들어간 위치입니다.

커플들의
섹스
이야기

1

"10년이 넘게 우리는 지금도 뜨겁다"
류이사와 네리 싱 커플 인터뷰

이 인터뷰는 2017년 2월에 진행했다. 두 분이 해외에 거주해서 이메일을 여러 차례 주고받았다. 글은 주로 류이사 님이 썼지만, 네리 싱 님에게도 보여주고 동의를 받은 점을 밝혀둔다. 솔직하고 담백한 이야기를 들려준 류이사와 네리 싱 커플에게 감사드린다.

두 분은 어떻게 처음 만났나요?

2008년에 인도에서 우리는 만났어요. 네, 맞아요. 애인은 인도 사람이에요. 하지만 그때 인도에 살고 있지는 않았네요. 그때 잠시 인도에 일이 있어 출장을 왔고, 저는 회사에서 발령을 내서 인도에서 일을 하던 중이었어요. 그 발령을 냉큼 받아들였는데, 사실은 5년간 사귄 애인하고 헤어지고 나서 너무 힘들어 어디든지 떠나고 싶던 때였죠.

　생각해보면 너무 운명적인데, 우리가 우연히 만난 곳은 채소 가게였어요. 그날 저는 채소 가게에서 당근과 양파를 고르고 있었고, 뒤에 서 있던 애인은 사과를 고르고 있었습니다. 나중에 들어보니 뒤에서 저를 계속 바라보면서 속으로 '레즈비언이어라, 제발 레즈비언이기를!' 하고 기도하듯 했대요. 제가 그날 여러 가지 채소를 정성스레 고르느라 좀 시간을 끌고 있었는데, 먼저 계산을 마친 애인이 집에 가지 않고 제가 상점에서 나오기를 기다렸다고 하네요. 뭔 채소를 그리 오래 고르냐고 나중에는 타박을 하더라고요.

그날, 애인은 아주 방글방글 웃으며 집에 가는 저에게 '하이!' 하고 말을 걸었고, 저는 어리바리 인사도 제대로 못하고 버벅거린 기억이 나요. 애인은 서슴지 않고 미리 적어둔 자기 번호를 제게 건네면서 꼭 연락하라고 말하고 유유히 사라졌습니다.

연락처를 받고도 2개월간 연락을 못했어요. 과연 내가 인도인을 만나서 관계를 잘 유지할 수 있을지, 너무 다른 문화도 문화지만 우선 외국인을 만날 자신이 없었습니다. 그런데도 계속 생각이 나더라고요. 그러다가 제 생일날이 다가왔고, 생일을 혼자 보내느니 용기를 내어보자, 안 만나고 후회하느니 차라리 만나고 후회를 하자는 생각으로 전화를 했어요.

전화를 받을 때까지 신호음을 듣는데도 후들후들 떨렸습니다. 애인이 '헬로우?' 하며 받고 저는 '저는……'까지만 얘기했는데, 애인이 막 따지더라고요. 왜 지금에야 전화를 했느냐고, 계속 기다렸다고 말입니다. 그 뒤로 데이트를 하기 시작하면서 사랑에 빠진 거지요. 정말 좋은 사람이거든요. 그래서 지금까지 이어져왔습니다.

우리는 이제 40대 초반입니다. 불혹의 나이가 됐지만, 매일 뭔가에 흔들리고 매일 질투하는 아주 유치한 커플이에요.

커플 생활을 위해서 특별한 원칙을 세워놓고 노력을 하시는지 궁금합니다.

애인을 만났을 때 제게 딱 두 가지만 지켜달라고 했어요. 첫째는 절대 바람피우지 말 것. 대신 자기가 싫어지면 솔직히 말해달라고 했어요. 둘째는, 첫째랑 비슷한 맥락이지만, 자기가 여자로 보이지 않으면 바로 말해달라는 거였어요. 자기한테 매력을 느끼지 못하는 사람이랑 살고 싶지 않다는 말이었지요.

그래서 10년이 된 애인이 지금까지 지켜오고 있는 게 있어요. 바로 '첫째, 오래된 속옷을 입지 않는다, 둘째, 방귀를 트지 않는다, 셋째, 욕을 하지 않는다'입니다. 언제나 예쁘게 보이고 싶어하지요. 야한 속옷도 종종 사는 편이에요. 방귀를 트면 권태기가 온다는 말을 듣고는 우리에게도 권태기라는 게 올까봐 두려워해요. 욕을 하지 않는 이유도 자기를 낮추는 일이 될까 봐, 그래서 정떨어질까 봐 그러는 거 같습니다.

저녁에는 와인을 한 잔씩 하는 것을 좋아하고(다른 술을 잘 못해요), 잘 때가 되면 키스를 좀 길게 합니다. 그러면서 자연스럽게 섹스로 이어지고요. 둘 다 분위기를 잡지 않고는 바로 섹스를 못하는 편이라서요. 전희 과정이 좀 긴 편이었는데, 요즘 들어서 애인이 뭔가에 눈뜬 사람처럼 길게 하는 섹스를 좋아하기 시작했어요. 둘 다 스트레스를 여기서 많이 푸는 편입니다. 하는 일이 스트레스 강도가 높다보니 더 자주 하게 되는 것 같아요.

딱히 섹스 트러블이라고 할 만한 건 없어요. 다른 일로 의견이 맞지 않거나 화가 나서 다툴 때가 있는데, 화해도 섹스로 하게 됩니다. 평상시보다 더 정열적이라서 이 맛에 싸우나 보다 하는 이야기도 서로 해요.

새내기 커플에게 해주실 조언이 있다면요? 성생활에 임하는 태도랄까.

10년이 넘는 커플이기는 하지만 누군가에게 조언할 정도로 많이 알지는 못해요. 그래도 굳이 하나만 꼽으라면, 저는 오럴 섹스에 공을 많이 들이라는 말씀을 드리고 싶네요. 많은 여성들이 섹스를 하고 싶다는 마음이 있어도 막 하지는 못하는 거 같아요. 그래서 분위기를 꼭 편안하게 만들어줘야 하고, 자신을 믿고 마음의 문을 열 수 있게 서로 애써야 한다고 생각해요. 마음의 문이 열려야 몸이 열린다고 믿거든요.

저는 개인적으로 마사지를 받다가 섹스로 이어지는 판타지가 있어서 그걸 자주 사용합니다. 먼저 오일을 준비해서 애인의 몸을 충분히 마사지하다가, 애인이 좀 달아오르면 강렬한 키스를 하고 섹스로 이어지거든요. 제가 경험이 많지는 않지만, 사람마다 좋아하는 것이 다 다르니까 자기 파트너에 맞춰서 함께 연구하는 방법이 가장 좋은 것 같아요. 도중에 어느 부분이 좋은지 서로 말해주는 것도 좋고요.

제 애인은 키스를 하면서 흥분하는 사람이라 일부러 키스 타임을 길게 갖습니다. 좋아하는 체위도 사람마다 다 다를 것 같아요. 자주 그러지는 않지만, 레즈비언 포르노를 틀어서 요즘 사람들은 어떻게 섹스하나 같이 보기도 합니다.

섹스토이는 사용해보셨나요? 섹스토이 사용법이나 에피소드를 들려주세요.

섹스 토이는 젊을 때 오히려 많이 사용했어요. 매년 짓궂은 지인이 생일 선물로 주거나 애인에게 밸런타인데이 선물로 받은 것 같아요. 그렇게 하나하나 늘어나서 지금은 배낭 하나에 꽉 차도록 모아놨지만, 정작 그렇게 많이 사용하는 편은 아닙니다. 30대 초에는 자주 썼는데, 지금 생각해도 그때는 경험이 부족하고 뭐가 좋은지를 잘 모른 것 같아요. 그래서 섹스토이를 한번 사용하면 그게 좋은 건 줄 알고 매번 사용하려고 노력한 것 같아요.

서로 익숙해지고, 섹스를 하면 할수록 자기 몸이 무엇을 좋아하고 원하는지 터득하게 되면서 꼭 섹스토이를 사용해야만 절정에 다다르는 것은 아니라는 사실을 알게 됐습니다. 제가 악기를 다루는 사람이라서 그런지도 모르겠지만, 애인은 제 손가락 힘이 아주 좋다면서 손으로 해주는 것을 선호합니다.

그런데 한 달에 한 번 정도 간절하게 딜도를 착용하라고 시킬 때가 있어요. 그럴 때는 보라색 (가장 크고 굵은) 딜도를 착용하고서 천천히, 하지만 깊게 애인 속으로 들어갑니다.

딜도를 착용하면 두 손이 자유롭다는 것이 장점이겠고, 단점을 들자면 얼마나 체력 소모가 심한지 몰라요. 한 차례 치르고 나면 온몸이 사우나 안에 들어간 때처럼 땀범벅이 됩니다. 땀이 몸에서 뚝뚝 떨어질 정도예요. 운동을 다닐 때도 이렇게 땀을 흘린 적이 있나 싶을 정도입니다. 흠, 그럼 이게 단점이 아닌 게 되는 건가요?

그럴 때(애인이 딜도를 원할 때)는 정말로 애인의 몸이 더 많이 열리는 것 같아요. 평상시라면 시도할 상상도 못하는 그런 사이즈거든요. 그렇지만 평상시에 제 손을, 다시 말해 제 손가락을 선호하는 이유는 손가락 두 개 사이즈가 길이와 굵기 면에서 딱 적당하고, 애인 몸안에서 손가락을 따로 움직일 수 있다는 점 때문이지요.

애인이 요즘 들어서 피스폿을 건드려주는 걸 좋아합니다. 예전에는 제가 그쪽을 건드리면 왜 아무것도 느끼지 못하는 곳으로 가느냐고 불평하면서 지스폿 주변에서만 뭔가를 느끼던 사람이었는데, 지금은 확실히 달라졌어요. 다년간의 경험 덕분에 많이 발전한 것 같습니다. 예전에는 구부러진 딜도를 위쪽을 향해서 착용했는데, 이제는 반대로 아래로 향하게 해서 애인이 좋아하는 피스폿을 공략하고 있어요. 후배위를 시도할 때는 다시 딜도를 위로 향하게 바꾸는 거죠.

아, 섹스토이에 관한 에피소드가 있어요. 회의가 있어서 아주 좋은 호텔에 머물 일이 있었는데, 혼자 가기 정말 아까운 곳이었어요. 그래서 애인도 데려가 함께 머물렀지요. 아무한테도 애인이 동행했다고 말을 안 한 터라 애인은 로비에 몰려 있던 저와 제 일행을 모르는 사람인 척 지나쳐야 했습니다. 그렇게 지나가다가 애인이 섹스토이들이 왕창 들어 있는 배낭을 바닥에 떨어트린 겁니다. 갑자기 토이 하나가 튀어나오고, 바닥에 떨어진 충격으로 진동까지 켜져서 막 드르륵드르륵하면서 혼자 굴러가더라고요. 창피해 죽는 줄 알았지만, 애인이 혼자 곤란해할까 봐 뛰어가서 그 토이를 집어 들어 진동을 끄고 다시 가방에 넣었어요. 진짜 이불 킥 할 만한 사건이었어요.

자위는 하시는지? 커플에게 자위란?

저는 예전부터 자위에는 편견이 없었어요. 누구나 다 즐길 수 있고, 가장 안전하며, 자기가 가장 원하는 방법으로 자신을 만족시키는 행위라고 생각하거든요. 우리는 출장이 많은 편이라서 자위를 하는 커플이죠.

저도 애인하고 자위 이야기를 나눈 지는 얼마 안 됐어요. 떨어져 있을 때는 혼자 하겠거니 생각은 했지만 직접 말해줄 줄은 몰랐는데, 하루는 "그저께는 너무 하고 싶어서 너 생각하면서 혼자 하고 말았어" 하면서 고백을 하더라고요. 그래서 갑자기 관심이 생기기 시작했습니다. 자꾸 캐물었죠. 서로 떨어져 있으면 얼마 만에 한 번씩 하는지, 어떤 기구를 사용하는지, 아니면 손가락으로 하는지 계속 물었는데, 부끄러운지 대답을 안 하더라고요.

그러다가 당당히 내 앞에서 해달라고 요구를 했습니다. 자꾸 안 된다고 거절하다가, 저 하는 거 봐서 특별한 날에 보여주겠다고 했어요. 아직은 그런 날이 오지는 않았어요. 하루빨리 그 순간이 오기를 바라고 있습니다. 그 모습을 보면 아주 섹시할 것 같고, 흥분될 것 같아요. 술이 조금 들어간 때 물어보니 토이를 사용하지는 않는 것 같고, 손가락을 이용해서 클리토리스와 지스폿을 오가며 즐기는 것 같아요.

"나이가 점점 들어가면서 섹스를 한다는 것"에 대해 어떻게 생각하시는지 궁금합니다.

나이가 들면서 섹스 횟수가 줄어드는 건 정말 사실 같아요. 우리부터 그러니까요. 하지만 많이 한다고 좋은 건 아니잖아요. 확실히 갈수록 연륜이 주는 노하우도 생기고 말입니다.

커플 사이에서 젊을 때는 육체적인 부분이 비중을 많이 차지하지요. 젊음이 주는 아름다움, 몸이 갈구하는 욕망 등이 크니까요. 날이 갈수록 시각적 아름다움을 통해 갖게 되던 성적 욕망은 점점 사

그라지고 정신적인 의존도가 높아지는 것 같아요. 제 애인은 여전히 아름답지만, 예전같이 불같은 욕망을 일으키는 일은 거의 일어나지 않아요. 그런 섹스를 해본 게 언제인지……. 아마 정초에 크게 싸우고 '화해의 섹스make up sex'를 한 날이 가장 그 느낌에 가깝지 않을까 싶어요. 하하하.

셀린 디온이 부른 노래에도 나오지요. "그냥 재미 삼아 사랑을 했고make love just for fun." 어릴 때는 호기심도 많아서 장난 같은 섹스도 가능하고, 원 나이트도 젊은 시절 치기라고 넘어갈 수 있고, 그때만 즐길 수 있고, 그때만 이해받을 수 있는 일들이 있잖아요. 그것처럼 30대는 30대만의 즐거움이 있고 40대는 40대만의 즐거움이 있는 듯해요.

40대인 제 처지에서 현재 가장 좋은 걸 꼽으라면 안정된 생활, 관계, 정신이라고 하겠습니다. 저는 지금 20대로 돌아갈 수 있다고 해도 그러고 싶지 않으니까요. 부부 사이에서 섹스가 줄어들었을지언정 절대 그것만으로 충분할 수 있는 나이가 아니기 때문에, 섹스를 가장 중요하게 여기지 않는 것도 자연스럽다고 생각합니다. 횟수가 줄어드는 것 자체가 자연스러운 일이고, 다른 것을 공유하는 시간이 더 커진다고도 생각합니다. 결국 가장 중요한 것은 정신적 교감이니까요. 육체적인 것에는 항상 한계가 따릅니다.

그렇다고 해서 성생활을 아예 안 하는 것도 아니고 말입니다. 나이가 들면서 더 솔직해지고 부끄러움(수치심?)도 점점 사라져서 예전에 못하던 체위도 시도해보고, 에스엠도 계획해보고, 그러는 거겠지요. 다들 '우리 왜 이러지? 문제 있나?' 이런 생각은 말고, 자연스럽게 받아들이면 좋겠네요.

2

"함께 새로운 것을 찾아가며 희열을 느낀다"
여덟 커플이 들려주는 생생한 이야기

이 경험담들은 《한채윤의 섹스말하기》(2000)에 실린 적이 있다. 많은 레즈비언 커플을 만나 생생한 인터뷰를 했고, 동의를 얻어 개인정보가 전혀 드러나지 않게 2차 각색을 해서 책에 실었다. 시간이 많이 흘렀지만 여전히 어떤 이들에게는 이 책에서 설명하는 내용을 이해하는 데 도움이 되는 소중한 이야기들이라고 생각해, 전체적인 문장만 조금 더 다듬어서 다시 싣는다.

손가락 섹스의 첫 경험

드디어 잠자리를 같이하게 됐다. 그렇지만 우리는 둘 다 무엇을 어떻게 해야 하는지 몰랐다. 안절부절못하며 저녁을 함께한 후 포옹과 키스를 하기 시작했고, 서로 옷을 천천히 벗기기 시작했다.

나는 나뭇잎처럼 몸을 부들부들 떨었다. 뭘 해야 될지는 몰랐지만 그녀가 나를 원한다는 것은 확실히 느낄 수 있었다. 나는 그녀의 몸 전체를, 특히 그녀의 가슴과 내가 여태껏 만지지 못한 몸의 여러 부분을 만지기 시작했다. 꽤 오랫동안 서로 키스하고 만지다가 내가 그녀의 몸 위로 올라갔다. 우리는 상대의 몸을 느끼면서 움직였고, 그녀는 좋아하는 듯했다.

나는 옆에 누워 손으로 그녀의 몸을 탐험하기 시작했다. 나는 그녀가 몸을 움직이는 리듬에 맞춰 클리토리스를 아주 부드럽게 만지다가 질 속으로 손가락을 넣었다. 그녀의 움직임은 바다의 파도를 연상시켰다. 그녀는 잠시 몸을 움직이다 멈추고는 또다시 움직였다.

어느 순간 그녀의 숨소리가 멎고 얼굴이 아주 흥분한 듯하더니 곧 움직임이 멈췄다. 그녀는 "이게 오르가슴일 거야"라고 했지만, 나는 그녀의 클리토리스가 아직 충분히 민감해지지 않은 것 같았다. 그렇지만 일단은 거기서 만족해야 했다.

이번에는 그녀가 똑같은 방법으로 나를 애무했다. 그녀의 손은 나를 흥분시켰고, 우리는 밤새도록 사랑을 나눴다. 두 번째로 사랑을 나눌 때 그녀의 숨이 갑자기 가빠지더니 거의 신음에 가까운 소리를 내기 시작했다. 그녀의 몸은 곧 폭발할 듯했다. 그녀는 "오, 맙소사. 이게 대체 뭐지?"라고 외쳤고, 나는 그것이 바로 오르가슴이라고 대답했다.

손가락 삽입을 받는 처지

그녀와 나는 섹스에 관해 아는 것이 전혀 없었다. 그렇지만 친구들에게 조금씩 들은 게 있어서 자연스럽게 손가락을 삽입할 수 있었다. 그녀가 먼저 나를 애무했다. 얼마 뒤 그녀의 손가락이 천천히 질안으로 들어왔다. 미끄러운 액체가 나와서 그런지 생각보다 아프지 않았다. 그녀의 손가락이 천천히 왕복 운동을 했고, 나는 손가락으로 가득찬 듯 느껴져 질이 터지지 않을까 두려웠다. 손가락이 질 벽에 부딪칠 때마다 아픈 건지 좋은 건지 모를 이상한 느낌이 들었다. 화장실에 가고 싶은 느낌도 들었지만, 차마 그만두라고 말할 용기가 없어서 꾹 참았다. 그런데 왕복 운동이 계속 반복되자 몸속에서 머리 쪽으로 이상한 기운이 뻗쳐오르는 것 같았다. 기분이 묘했다.

내가 가만히 있으면 그녀가 무안할까 봐 영화에서 본 것처럼 소리를 냈다. 그렇지만 소리를 내는 것도 쉽지 않았다. 너무 크게 내면 나를 이상하게 볼까 걱정도 들었다. 그녀가 점점 깊게 들어오는 듯한 느낌이 들자 다시 겁이 났다. 몸에 구멍이 날 것 같아 몸을 비틀자 놀란 그녀가 손가락을 빼면서 괜찮으냐고 물었다. 첫 섹스라 그런지 아픔과 쾌감을 나눠서 판단하기 어려웠다.

손가락을 몇 개 넣었느냐고 물으니 한 개만 넣었다고 해서 깜짝 놀랐다. 마치 손 전체가 다 들어간 듯 느껴진 때문이었다. 작은 손가락 하나가 그런 느낌을 만들어낼 수 있다는 것에 놀랐다. 나는 방광이 있는 부분을 자극하지 말아달라고 부탁했다. 처음에는 정신이 없어서 제대로 즐길 수 없었지만, 몇 번 반복하자 뚜렷한 쾌감의 차이를 느낄 수 있었다.

이제는 섹스를 마친 뒤 손가락을 몇 개 넣었는지 맞히는 놀이를 한다. 어떤 날은 손가락 네 개가 다 들어가기도 하고 어떤 날은 하나만 들어가기도 했지만, 느낌만으로 손가락 개수를 정확히 맞추기는 힘들었다. 어느 커플은 주먹과 손목까지 다 들어간다는 이야기도 들은 적이 있는데, 그건 도저히 믿기지 않는다. 그런 이야기가 진짜든 아니든 우리는 여전히 손가락 두세 개면 충분하다.

클리토리스 자극과 질 삽입을 동시에 하기

나는 얼마 전에 이 방법을 터득했다. 클리토리스와 질을 동시에 자극하기란 쉬운 일이 아니다. 입술이나 혀로 클리토리스를 만져주면서 손가락을 질에 삽입하는 방법도 좋은 효과를 봤지만, 솔직히 자극하기 편안한 자세는 아니었다.

평소에 '손가락으로 두 일을 함께하는 방법은 없을까?' 궁리를 해봤다. 나는 성미가 급한 탓인지 아주 빠른 속도의 피스톤 운동을 즐겼다. 그렇지만 그녀는 오히려 정신이 없다며 깊게 해주는 것보다 덜 느낀다고 했다. 천천히 하면 내가 별 재미를 느끼지 못했다. 그래서 천천히 하겠다고 결심했다가도 잊어버리고 다시 빠르게 해 구박을 받았다. 천천히 하면 도저히 오르가슴을 느끼게 하지 못할 것 같다는 불안감이 있었다.

어느 날 나는 손바닥을 위를 향하게 해서 가운뎃손가락을 삽입하고 집게손가락과 약손가락을 똑바로 펴서 클리토리스 주변에 닿도록 했다. 그렇게 하니 자연히 엄지는 클리토리스를 향하게 됐다 (예전에는 엄지손가락을 삽입되지 않은 다른 손가락들을 구부리는 데 사용했다). 천천히 왔다갔다하면서 클리토리스에 닿을 때마다 가볍게 누르거나 어루만졌다. 속도가 붙을 때는 살짝 쳐주는 듯한 느낌이 들게 엄지를 흔들었다. 그러자 그녀도 절정에 더 빨리 도달하는 듯했다.

나는 새로운 방법을 또 하나 발견해서 무척 기뻤다. 그녀에게 설명하고 내게 해줄 때도 한번 써보라고 했다. 처음이라 조금 서툴렀지만, 조금씩 익숙해지면 멋진 섹스법이 될 것 같다. 나는 이렇게 그녀하고 함께 새로운 것을 하나씩 찾아가는 과정에서 희열을 느낀다.

오럴 섹스의 첫 경험

처음으로 오럴 섹스를 통해 오르가슴을 느낀 날은 한 모텔에서 그녀가 내 그곳을 탐색한 날이었다. 그녀가 우연히 입으로 내 클리토리스를 찾아냈고, 조금씩 혀로 어루만지기 시작했다. 마치 어떤 물의 힘이 나를 감싸는 것처럼 아주 이상하면서도 야성적인 느낌이었다. 단시간에 절정에 도달해버렸다. 나는 그 뒤로 오럴 섹스를 좋아하게 됐다.

오럴 섹스 자세도 여러 가지로 해봤다. 69자세(두 사람이 발끝을 보고 누워서 클리토리스를 입으로 자극하는 자세)도 해봤는데, 나는 그다지 좋지 않았다. 내가 상대방을 하고 있을 때 상대방도 나를 해주고 있기 때문에 집중하기가 어렵다. 내가 누워 있으면 애인이 무릎을 꿇고 내 머리 위에 앉는 자세도 취해봤다. 이 자세는 아주 편했지만, 서 있는 쪽에게는 반드시 잡거나 기댈 것이 필요하다. 언젠가 샤워를 같이하면서 애인이 내 밑으로 내려간 적이 있는데, 나는 오르가슴을 느끼고 멍해져 그만 넘어지고 말았다.

나는 오럴 섹스가 좋아

나는 오럴 섹스를 좋아한다. 하는 것보다 받는 것을 더 좋아하는데, 하는 것을 꺼리는 이유는 제대로 숨을 쉬기 어려운 탓이다. 축농증이 있어서 코로 숨쉬기가 쉽지 않기 때문인 것 같다. 그래서 그녀가 정말 오럴 섹스를 원할 때만 가끔 해준다. 정말 죽을힘을 다해서.

처음 그녀가 내게 오럴 섹스를 해준 날을 기억한다. 그녀는 입술을 키스하더니 가슴을 지나 배로 점점 내려갔다. 그녀의 입술이 음부 근처로 갈 때 나는 이미 긴장했다. 그 순간 샤워를 했지만 냄새가 나지 않을까, 내 성기가 이상하게 생겼다고 생각하지 않을까, 성기를 입으로 만져도 괜찮을까 하는 많은 걱정이 머릿속을 지나갔다.

이런 내 걱정하고는 다르게 그녀의 혀는 내 그곳을 천천히, 그리고 꼼꼼하게 구석구석 핥고 빨았다. 나는 금세 몸이 뜨거워졌고, 삽입 섹스를 할 때하고는 또 다른 묘한 흥분을 느꼈다. 그녀가 클리토리스를 집중적으로 빨아줄 때 나는 전기가 통하고 심장이 멎는 듯한 통증이 온몸을 휘돌아다니는 것 같아 몸을 들썩거렸다. 곧 온몸에 힘이 빠졌고, 나는 감사의 뜻으로 그녀의 머리를 쓰다듬었다.

그녀는 휴지로 입가와 내 그곳을 닦았지만, 이내 내 몸이 진정될 때까지 계속 그곳을 부드럽게 핥아줬다.

내 첫 섹스

나는 첫사랑을 고3때 만나 2년 동안 사랑했다. 그녀가 결혼을 하면서 러브스토리가 슬프게 끝나버렸지만, 지금도 추억만은 아름답게 간직하고 있다. 지금 생각하면 우리는 둘 다 섹스를 너무 몰랐다. 그리고 많이 부끄러워했다. 우리는 옷을 다 벗지 않고 사랑을 나눴는데, 주로 클리토리스를 압박하는 방법을 썼다(그때는 클리토리스를 압박하는 건지도 몰랐다. 그냥 쉬 나오는 곳을 눌러주니 좋구나 하는 정도였다). 속옷만 입고 누워서 키스하고 애무하다가 내 사타구니 사이에 그녀가 무릎을 넣는다. 몸을 좌우나 상하로 움직이면서 무릎으로 비비거나 꾹꾹 눌러주면 아래에서 위로 올라오는 짜릿한 기운을 느낄 수 있었다. 이런 방식으로 서로 번갈아가면서 해줬다.

지금 애인에게 옛날 이 이야기를 해주면 그것도 섹스냐며 웃는다. 이제는 이런 방식으로 오르가슴을 느낄 것 같지는 않지만(내 성기가 더 자극적인 것에 익숙해진 탓일까?), 그때는 그것만으로도 숨이 막히도록 쾌감과 짜릿함을 느낀 것은 사실이다. 다만 단점이 있는데, 무릎을 움직이기가 손가락처럼 쉽지 않다는 점과 온몸을 움직여야 하기 때문에 빨리 지친다는 점이다.

지금 애인하고 성기와 성기가 직접 만나는 트리바디즘을 한 적이 있다. 그녀가 서서 누워 있는 내 다리를 들어올린 뒤 다리 사이로 들어가 위에서 비벼댔는데, 아주 야릇한 쾌감을 느꼈다. 삽입 섹스하고는 완전히 다른 쾌감이었다. 뜨거운 물이 흘러내리는 것 같다고나 할까. 그렇지만 요즘은 잘 하지 않는다. 자세를 유지하기 힘들기 때문이다. 트리바디즘은 체력이 튼튼해야 할 것 같다.

흥미로운 딜도 체험

딜도를 처음 허리에 찬 때 우리는 우스꽝스러운 모습에 낄낄대며 웃었다. 이 새로운 도구가 우리에게 어떤 느낌을 가져다줄지 기대가 됐고, 한편으로는 그 굵기와 길이에 조금 겁이 나기도 했다. 그녀는 나를 적당히 애무한 뒤 질이 어느 정도 젖어들자 내 다리 사이로 천천히 다가왔다. 페니스하고 똑같이 생긴 딜도의 끝이 질 입구에 닿았을 때 아주 긴장했다. 그녀는 내가 놀랄까 봐 아주 천천히 삽입을 시도했지만, 손가락처럼 굴곡이 없는 딜도는 귀두 부분을 통과하자마자 바로 안으로 밀려들어 왔다.

"우와!" 나는 깜짝 놀라 신음 소리를 냈다. 손가락하고 다르게 체온이 없는 탓인지 딜도는 질에 친근하게 붙지 않았고, 이물질이 들어와 있다는 낯설음이 확연하게 느껴졌다. 낯설음에 익숙해지기 전에 그녀는 딜도를 움직였고, 나는 아파 비명을 지르면서 딜도를 빼버렸다. 손가락 섹스를 처음 할 때도 통증을 느꼈지만 그때는 참을 수 있었다. 그런데 딜도는 왠지 통증이 오르가슴으로 바뀌지 않고 그대로 아픔으로 남을 것 같은 두려움이 느껴졌다.

다음에는 바꿔서 내가 그녀에게 삽입을 시도했는데, 그녀는 딜도를 잘 받아들였다. 피스톤 운동을 했더니 흥분을 느꼈다. 우리는 체위를 달리하면서 딜도를 즐겼다. 그녀의 아래쪽에 머물러 있어야 하는 손가락 섹스에 견줘 삽입을 한 채 얼굴을 쓰다듬고 키스까지 할 수 있다는 것이 신선하고 재미있었다. 섹스가 끝난 뒤, 서로 느낌을 이야기했다. 그녀는 나름대로 독특해서 괜찮았다고 했다.

그 뒤로 네다섯 번 정도 더 딜도를 이용한 섹스를 했는데, 나는 여전히 딜도에 적응하지 못하고 있다. 딜도와 내 질의 궁합 문제인지, 심리적 위축감 탓인지, 아니면 그녀가 너무 성급하게 삽입을 시도한 탓인지는 아직 모르겠다. 그렇지만 나도 그녀처럼 잘 느끼면 좋겠다는 생각을 가끔 해본다.

질 삽입보다 편안했다

애널 섹스를 한 번쯤은 해보고 싶다는 생각을 예전부터 하고는 있었다. 그렇지만 감히 입 밖에 낼 수는 없었다. 변태라는 욕은 먹고 싶지 않기 때문이었다. 애인하고는 속궁합이 참 잘 맞는 편이었지만, 항문에 손가락을 넣어달라는 말은 차마 할 수 없었다. 설사 그렇게 해준다고 해도 항문이 찢어질까 겁도 났다. 치질에 걸려 고생하기는 싫었으니까.

그런데 몇 달 동안 계속 질 삽입으로 아무런 만족도 느낄 수 없을 때가 있었다. 손가락이 들어가기만 해도 통증이 느껴졌다. 나도 불만이 쌓여갔지만 그녀도 속상할 수밖에 없었다. 어느 날 다시 한 번 시도해보기로 하고 날을 잡았다. 어김없이 또 실패하자 그녀가 두 번째 시도를 했다. 그녀는 콘돔을 끼더니 뒤로 돌아누우라고 했다. 그녀의 손이 항문에 가 있다는 걸 알았을 때 나는 두려움과 은근한 기대 사이에서 갈등했다. 하고 싶던 섹스이기는 하지만 넣을 때 아프지 않을까, 뒷일을 감당할 수 있을까 두려웠다. 나는 하지 말라고 외쳤다. 그런데 그녀의 대답은 놀라웠다. "벌써 들어갔어."

나는 황당했다. 삽입을 한다는 느낌도 없었고, 상상한 것처럼 아프지도 않았다. 그녀는 생각보다 안이 넓다고 했다. 그리고 손가락을 빈틈없이 감싸 안아줘서 아늑하다고 말했다. 그래도 여전히 걱정은 됐다. 손가락을 더 넣지 말고 무리해서 움직이지도 말라고 그녀에게 부탁했다. 그녀는 손가락을 흔들면서 자극을 시작했고, 나는 조금씩 흥분했다. 질에서 느끼는 자극하고 별로 다르지 않았다. 질에서는 오히려 자궁과 방광 등을 직접 압박하기 때문에 아프기도 했는데, 여기서는 좀더 무게 있고 깊은 맛의 자극이 느껴졌다. 흥분을 느끼면서도 여전히 항문이 신경쓰여 편안하게 즐길 수 없었다. 게다가 '내가 질 삽입만으로 흥분하면 이런 것까지 안 해도 될 텐데'라는 생각에 미안해져서 오래할 수가 없었다. 내가 그만하자고 하자 그녀는 콘돔을 빼서 버리고 손을 씻었다. 나는 그녀를 꼭 안았다.